Zehnder · Bach spielen auf der Orgel – eine Leidenschaft

Jean-Claude Zehnder

Bach spielen auf der Orgel – eine Leidenschaft

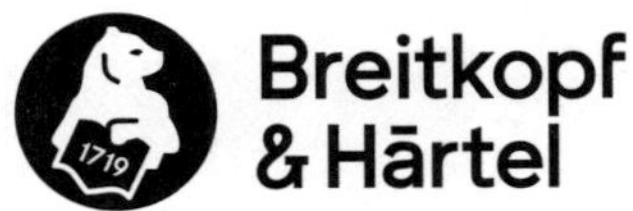

BV 482
ISBN 978-3-7651-0482-4

2. Auflage 2021

Umschlaggestaltung: Andreas Jacobsen
Notengrafik: Ansgar Krause, Krefeld
Druck: Beltz Grafische Betriebe GmbH, Bad Langensalza
Printed in Germany

INHALT

ZUM GELEIT

von Peter Wollny

Unter allen großen Komponisten ermuntert Johann Sebastian Bach die Interpreten seiner Werke am stärksten, sich mit speziellen aufführungspraktischen, aber auch mit allgemeinen historischen Fragen zu beschäftigen und somit eine enge Verbindung zum aktuellen Stand der musikwissenschaftlichen Forschung zu suchen. In der musikpraktischen Ausbildung an Musikhochschulen und Konservatorien kommt jedoch das vielschichtige Gebiet der Aufführungspraxis meist zu kurz. Auch fehlen häufig die Ressourcen und die Zeit für eine eingehende Lektüre von Quellentexten und Fachpublikationen. Andererseits ist es für Bach-Forscher oftmals nur schwer möglich, die Ergebnisse ihrer Recherchen an ein Publikum heranzutragen, das praktischen Nutzen aus ihnen ziehen könnte.

Den dankenswerten Versuch einer längst überfälligen Vermittlung zwischen Wissenschaft und Praxis unternimmt das vorliegende Buch. Es konzentriert sich auf die Orgelwerke Johann Sebastian Bachs und zielt damit auf eine der größten Leistungen der abendländischen Kulturgeschichte. Der Autor, der über fast dreieinhalb Jahrzehnte als Leiter der Orgelklasse an der Schola Cantorum Basiliensis wirkte, hat sich seit seiner Studienzeit als Praktiker und Wissenschaftler mit der Tastenmusik Bachs und ihrer Wiedergabe beschäftigt und sein Wissen und seine Einsichten sowohl in seinem organistischen Wirken als auch in richtungsweisenden Fachpublikationen dargelegt. In knapper Form fasst er hier die Früchte seines Lebenswerks zusammen und zeigt, dass Musikwissenschaft und Musikpraxis keine unvereinbaren Gebiete sind, sondern sich gegenseitig befruchten können.

Viele der hier ausgebreiteten Gedanken sind in der – seit mehr als zwei Jahrzehnten bestehenden – engen Zusammenarbeit mit dem Bach-Archiv Leipzig entwickelt worden. Das international renommierte musikalische Kompetenzzentrum am Hauptwirkungsort Johann Sebastian Bachs sieht seine Aufgabe darin, Leben, Werk und Wirkungsgeschichte des Komponisten und der weit verzweigten Musikerfamilie Bach zu erforschen, sein Erbe zu bewahren und es als Bildungsgut zu vermitteln; es leistet damit einen umfassenden und vielfältigen Auftrag für eine breite Öffentlichkeit, in die nicht zuletzt auch die praktizierenden Musiker eingeschlossen sind. Als besonders fruchtbar hat sich für das Bach-Archiv Leipzig der enge Austausch mit der Schola Cantorum Basiliensis erwiesen. Vielfach angeregt von Diskussionen mit Jean-Claude Zehnder, treten in der Arbeit des Bach-Archivs in letzter Zeit vermehrt die bislang eher vernachlässigten mitteldeutschen Quellenbestände ins Blickfeld, innerhalb derer ein großer Teil von Bachs Orgelwerken überliefert sind. Diese Arbeiten umfassen Studien zu Schreibern und Besitzern, zu Überlieferung und Datierung, zu den verwendeten Vorlagen und zur Qualität des Notentexts. Die vielfältigen Einblicke, die die Quellen bei geduldiger Betrachtung gewähren, betreffen insbesondere auch Fragen der Aufführungspraxis: Wie haben Bach und seine Zeitgenossen registriert? Wie sind die manchmal in verwirrender Fülle vorhandenen Verzierungen zu bewerten und auszuführen? Welche Erkenntnisse lassen sich zu Bachs eigenem Spiel gewinnen?

Dieses Buch zeigt eindrucksvoll, dass die Beschäftigung mit all diesen Fragen keineswegs zu einer Verengung der interpretatorischen und künstlerischen Freiheiten führt, sondern – im Gegenteil – ungeahnte neue Möglichkeiten eröffnet. Es steht zu hoffen, dass die Ausführungen von Jean-Claude Zehnder die Verbindung zwischen Forschung und Praxis weiter festigen helfen – und damit in Zukunft vielleicht weitere Erkenntnisse nach sich ziehen, an die bislang gar nicht zu denken war.

Leipzig, im September 2019

AUFTAKT

BACH und ORGEL – das eröffnet einen faszinierenden Kosmos von Klängen und Formen. Johann Sebastian Bach, einer der Großen der abendländischen Musikgeschichte, begann seine Laufbahn als Organist; doch auch später, nachdem er Konzerte, Kantaten, Passionen und Oratorien für große Besetzungen komponiert hatte, blieb ihm das Tasteninstrument stets ein Anliegen. Die Orgel ist wohl das vielseitigste, umfassendste Musikinstrument, das wir kennen; sie enthält alle anderen Instrumente in sich (Michael Praetorius). Neben dem musikalischen Aspekt geht von der Orgel auch die Faszination *Maschine* aus. Im Zeitalter Bachs war die Orgel neben den astronomischen Uhren die komplexeste Maschine, die gebaut wurde (Christoph Wolff). Auch heute kann man dies erleben: führt man einen Laien an den Spieltisch einer größeren Orgel, so ist das mechanische Ineinandergreifen von Registerziehen und Tastendrücken ein kaum durchschaubares Wunderwerk. Auch wenn an manchen Hochschulen die Zahl der Studierenden im Fach Orgel zurückgeht, auch wenn der Volksschullehrer, der am Sonntag zur Orgelbank wechselt, fast verschwunden ist, bleibt Orgelspielen für die, die es betreiben, eine wahre Leidenschaft.

Eine Saite verklingt, die Dauer eines Orgeltons jedoch scheint unbegrenzt. Als Instrument der Kirche verkörpert er für viele Menschen die Idee *Ewigkeit*. Bekanntlich sind im kirchlichen Bereich oft nicht-professionelle Musiker in der Öffentlichkeit zu hören. »Die Orgel spielt« – der spielende Mensch tritt sozusagen in den Hintergrund. Natürlich sind es Menschen, die die Orgel bauen und spielen, doch dem Phänomen ORGEL haftet auch etwas Überpersönliches an. Wohl in diesem Zusammenhang ist die Aufnahme von »Orgelbau und Orgelspiel« als Immaterielles Kulturerbe der Menschheit durch die UNESCO zu verstehen.[1]

Im Verlag Breitkopf & Härtel wurde eine Neuausgabe von Bachs Orgelwerken erarbeitet und im Jahr 2018 abgeschlossen. Das vorliegende Buch ist als Ergänzung zu verstehen: Wie liest man einen Notentext? Was sagt er uns und was nicht? Was wissen wir über Bachs Umgang mit der Orgel? Wo ist eigene, weiterführende Initiative gefragt? Bachs Welt wird durch neue Forschungsresultate Stück um Stück aufgehellt, wiewohl er sein Werk mit »austernhafter Verschwiegenheit« (Paul Hindemith) der Nachwelt hinterließ. Auch zu zahlreichen Interpretationsfragen gibt es neuere Studien. Dabei soll es weniger um ein starres Befolgen von Regeln gehen als vielmehr um ein *Eintauchen* in den Kosmos BACH; das Lesen eines Dokuments kann eine Tür aufstoßen, der Klang einer alten Orgel kann eine neue Dimension in uns wachrufen.

1 Die Aufnahme erfolgte am 7. Dezember 2017 im südkoreanischen Jeju unter dem Titel »Organ Craftsmanship and Music«. Die über tausendjährige Geschichte dieses Handwerks und die daraus entsprungene Musik wird damit von einer der bedeutendsten internationalen Organisationen ausgezeichnet. Mit Dank an Michael Gerhard Kaufmann, Annweiler am Trifels, dem Verfasser der Anträge. Vgl. *Orgelbau und Orgelmusik auf der UNESCO-Liste des Immateriellen Kulturerbes*, Zeitschrift Ars Organi, Jg. 66 (2018), S. 69–72.

Urtext

Die neue Breitkopf-Ausgabe (fortan NA, siehe S. 128) stellt den Spielerinnen und Spielern einen Notentext zur Verfügung, der – nach Möglichkeit – Nähe zu Bach, zur Bach-Zeit, zur Atmosphäre rund um den Komponisten anstrebt. Urtext, seit einem halben Jahrhundert ein Schlagwort, bedeutet zunächst, die überlieferten Drucke und Manuskripte klar ins Zentrum zu stellen und auf Hinzufügungen des Herausgebers möglichst zu verzichten. Betrachten wir also zuerst die Quellen von Bachs Orgelmusik.

Im Jahr 1726 begann Bach damit, seine Tastenmusik durch Druckausgaben der Öffentlichkeit bekannt zu machen. Als Einzeldruck erschienen die Cembalo-Partita B-dur BWV 825, dann im Jahresrhythmus die folgenden Partiten, bis 1731 die sechs Werke BWV 825–830 als *Clavier Übung [...] Opus I* zusammengefasst wurden. »In Verlegung des Autoris« steht auf dem Titelblatt; es scheint, dass der Komponist den Druck seines Opus 1 mit besonderer persönlicher Sorgfalt begleitet hat. Wenn auch diese Suiten nicht als Orgelwerke gelten, werden sie im Folgenden als stilistische Marksteine des Öfteren herangezogen.

Explizit der Orgel zugedacht ist der *Dritte Theil der Clavier Übung*, erschienen zum Reformations-Gedenken, das 1739 in Leipzig begangen wurde. Von Originaldrucken erwarten wir, dass sie uns einen gültigen Notentext vermitteln. Leider gibt es aber – damals wie heute – Druckfehler; mit rotbrauner Tinte eingetragene Korrekturen stammen mit hoher Wahrscheinlichkeit aus dem Hause Bach. Lange Zeit hat man sich vorgestellt, Bach habe ein Handexemplar mit Korrekturen versehen und diese in den Verkaufs-Exemplaren nachgetragen. George Stauffer hat diese Sicht relativiert; er konnte zeigen, dass wir der Wahrheit näherkommen, wenn wir Bachs Vorgehen weniger planmäßig auffassen. So sollten im Grunde *alle* erhaltenen Druck-Exemplare herangezogen werden, weil vielleicht ein Triller nur in *einem* Exemplar ergänzt wurde.[2] Ein ähnlich gelagerter Fall scheint sich bei den Schübler-Chorälen abgespielt zu haben, wo die handschriftlichen Eintragungen noch umfangreicher sind.[3]

Nur wenige Orgelwerke sind in Bachs eigener Handschrift bis heute erhalten. Besonders wertvoll ist ein umfangreicher Band in der Staatsbibliothek zu Berlin mit der Signatur *Mus. ms. Bach P 271* (fortan *P 271*). Mit den Sechs Orgelsonaten BWV 525–530, den Orgelchorälen BWV 651–665 und den Variationen über »Vom Himmel hoch« BWV 769 können wir in diesem kostbaren Band Bachs eigene Niederschrift wichtiger Werke studieren.[4] Da-

2 Der nachgetragene Triller auf *f*[1] in der Schlusskadenz der Es-dur-Fuge BWV 552 (T. 117) ist jedes Mal ein Vergnügen beim Spielen! (NA, Bd. 6, 2. Auflage, Nachtrag auf S. 156).

3 George B. Stauffer, *Ein neuer Blick auf Bachs »Handexemplare«: Das Beispiel Clavier-Übung III*, Bach-Jahrbuch 2010, S. 29–52; George B. Stauffer, *Noch ein »Handexemplar«: Der Fall der Schübler-Choräle*, Bach-Jahrbuch 2015, S. 177–192; George B. Stauffer, *Von Bach korrigierte Exemplare der Originaldrucke seiner Tastenwerke – ein weiterer Fall*, Bach-Jahrbuch 2017, S. 211–218.

4 Zu den Orgelsonaten vgl. NA, Bd. 5, die Orgelchoräle in Bd. 8, die Canonischen Veränderungen in Bd. 6; nicht zu vergessen das Orgelbüchlein in Bd. 7. Faksimile-Ausgaben ermöglichen einen direkten Einblick: Orgelsonaten (Bärenreiter), Orgelchoräle (Laaber), Orgelbüchlein (Bärenreiter und Laaber).

mit sind freilich nicht alle Probleme gelöst: Nicht nur kann auch dem Komponisten mal ein Schreibfehler unterlaufen; oft gibt es – und dies ist für Bach geradezu typisch – andere Fassungen, die eine Weiterentwicklung darstellen oder zumindest darstellen könnten. Von den eben genannten *Canonischen Veränderungen* über »Vom Himmel hoch« BWV 769 stehen uns eine gedruckte Fassung und die handschriftliche Fassung in *P 271* zur Verfügung. Wie umfangreich die Fachdiskussion um die Priorität im Lauf der Jahrzehnte geworden ist, kann im Band 6 der Neuausgabe nachgelesen werden.

Schließlich ist darauf hinzuweisen, dass viele Orgelwerke – besonders im Bereich der allbekannten Präludien, Toccaten, Fantasien und Fugen – nur in Abschriften aus Bachs Schülerkreis oder aus späterer Zeit vorliegen. In den einschlägigen Bänden der Breitkopf-Ausgabe wurde versucht, die daraus resultierenden Probleme in knapper Formulierung so darzulegen, dass auch ein Praktiker die Mühe nicht scheuen möge, sie zur Kenntnis zu nehmen. Es ist keineswegs reine Philologie; vielmehr tragen diese Kommentare zum Verständnis des Notentextes bei und können für die Interpretation hilfreich sein.

An alle Bach-Spielerinnen und -Spieler: Ihr kommt nicht darum herum, Euch eine eigene Meinung zu einem Problem zu bilden. Trotz Vorarbeit des Herausgebers ist die eigene Initiative die beste. Zudem sind heute viele Handschriften in digitaler Form einsehbar und ermöglichen einen direkten Zugang. Lasst sie auf Euch wirken!

In vielen Aspekten werden wir feststellen, dass sich während Bachs Lebenszeit wesentliche Veränderungen vollzogen haben. Dies ist sogar bei der Notation der Fall. Friedrich Erhard Niedt erzählt den Bildungsgang eines jungen Musikers, der von seinem Lehrer ausschließlich die deutsche Buchstaben-Tabulatur vorgesetzt bekam. Als er dann eine Organistenstelle antreten wollte und mit der Kantorei einen Basso continuo auszuführen hatte, scheiterte er kläglich und musste eine zweite Ausbildung beginnen.[5]

Das früheste erhaltene Dokument von der Hand Johann Sebastian Bachs ist eine vor 1700 angefertigte Abschrift (leider nur als Fragment erhalten) von Dieterich Buxtehudes Fantasie über »Nun freut euch, lieben Christen gmein« BuxWV 210, aufgezeichnet in dieser Tabulaturschrift.[6] Mit diesem Fund im Jahr 2006 hat unsere Kenntnis von Bachs Horizont eine wesentliche Erweiterung erfahren. Wiewohl er in diesem Alter kaum die Pedaltasten erreichen konnte, erstreckte sich sein Interesse auf die größten Formen der damals zirkulierenden Orgelmusik.

5 Niedt, *Musicalische Handleitung*, satirische Erzählung vor Beginn des ersten Kapitels.

6 Michael Maul und Peter Wollny, *Buxtehude, Reinken und der junge Bach – Überlegungen zur »Weimarer Orgeltabulatur«*, in: Dieterich Buxtehude, Text – Kontext – Rezeption. Bericht über das Symposion Lübeck Mai 2007, Bärenreiter, Kassel etc. 2011, S. 144–187. Zum Faksimile der Weimarer Orgeltabulatur vgl. das Literaturverzeichnis.

INSTRUMENTE

In ihrer Vielfalt – von der kleinen Truhenorgel mit wenigen Pfeifen bis zu den fünf Manualen einer Konzertsaal-Orgel – ist die Orgel unübertroffen. Hinzu kommen die nationalen Unterschiede (Italien, Spanien, Frankreich, Süddeutschland, Norddeutschland, England, Skandinavien) und die Unterschiede der Epochen, etwa zwischen der Barockorgel und einer pneumatisch gesteuerten Orgel, die sich für symphonische Orgelmusik um 1900 eignet.

Bachs Orgeln

Im Alter von 18 Jahren hat Johann Sebastian Bach die von Johann Friedrich Wender erbaute Orgel in der Neuen Kirche (heute Bach-Kirche) zu Arnstadt geprüft. Fünf Jahre später verfasste er ein umfangreiches Schriftstück, in dem wichtige Aspekte des Orgelbaus zur Sprache kommen; die Orgel der Kirche Divi Blasii in Mühlhausen (Thüringen) wurde daraufhin in seinem Sinne umgebaut und erweitert.[7] Ohne Zweifel hatte Bach schon früh eine klare Vorstellung davon, was er von der Orgel erwartete. Bachs letzte Orgelabnahme erfolgte im Jahr 1746 in Naumburg an der Saale; das große, eindrucksvolle Instrument in der Kirche St. Wenzel vermittelt wesentliche Klangeindrücke, die die Orgelmusik dieser Epoche lebendig werden lassen. Sowohl Arnstadt als auch Naumburg sind, nach kürzlich erfolgten Restaurierungen, in annähernd originalem Klanggewand wieder zu hören.
Die Dispositionen der von Bach gespielten Orgeln weisen die Richtung, mit welchen Klängen wir uns seine Orgelmusik vorstellen können. Noch besser ist freilich, solche Instrumente in natura oder zumindest in Tonaufnahmen zu erleben und die unmittelbare Erinnerung als Muster für eigene Versuche zu nutzen. Von 1703 bis 1717 hat Bach von Amtes wegen Orgel gespielt; die oben genannte Orgel der Bach-Kirche von Arnstadt ist die einzige von ihm regelmäßig zum Klingen gebrachte Orgel, die heute noch erlebt werden kann. Wer die Möglichkeit hat, dieses Instrument zu hören, sollte das unbedingt tun. Sein Klang ist etwas schlanker und milder als die oft als Maßstab zitierte Tongebung Gottfried Silbermanns. Die Disposition weicht von heutigen Normalien in manchen Zügen ab:

7 Dok I, S. 152.

Oberwerk (oberes Manual)	**Brustwerk/Positiv** (unteres Manual)
Principal 8'	Stillgedackt 8'
Viola di Gamba 8'	Principal 4'
Quintadena 8'	Spitzflöte 4'
Grobgedackt 8'	Nachthorn 4'
Gemshorn 8'	Quinte 2 ⅔'
Offene Quinte 5 ⅓'	Sesquialtera 2fach
Octave 4'	Mixtur 3fach
Mixtur 4fach	
Cymbel 2fach	
Trompete 8'	

Pedal	Koppeln:
Subbaß 16'	Brustwerk/Oberwerk
Principal 8'	Oberwerk/Pedal
Posaune 16'	
Cornet 2'	

Im Oberwerk (Hauptwerk) fällt zunächst die ungewöhnlich große Zahl von fünf labialen 8'-Registern auf. Eine Registrierung von zwei oder mehreren Registern gleicher Fußlage galt lange – zu Unrecht, wie wir sehen werden – als Eigenheit des romantischen Orgelbaus. Dass Bach *nicht* mit diesen Möglichkeiten experimentiert haben sollte, ist wohl undenkbar. Die Quinte 5 ⅓' sollte nach heutigen Regeln nur gezogen werden, wenn dazu ein Register in 16'-Lage tritt; dass die Registrierung Prinzipal 8' plus Quinte 5 ⅓' nicht nur möglich ist, sondern ganz exquisit klingt, kann man an der Herbst-Orgel in Lahm/Itzgrund (an der ebenfalls ein Mitglied der Familie Bach amtierte) ausprobieren.[8] Analog zu den fünf 8'-Registern im Oberwerk stehen im Brust-Positiv drei Register in 4'-Lage zur Verfügung. Dass mit den vier Pedal-Registern eine klangliche Balance zum Manual-Plenum erreicht wird, ist erstaunlich (sogar ein Pedal-Solo ist nicht ausgeschlossen); zusätzlich steht eine Pedal-Koppel zur Verfügung. Erhalten ist auch der originale Spieltisch mit seinen beiden Manual-Klaviaturen und dem zeittypischen Pedal mit relativ kurzen Tasten, das den Spielbewegungen Grenzen setzt.

8 Wolff/Zepf, *Bachs Orgeln*, S. 125. Der dort amtierende Organist, Johann Lorenz Bach, hat ab 1713 bei J. S. Bach in Weimar gelernt; Lahm/Itzgrund ist für Bachs Orgelästhetik ein wichtiges Klangdokument.

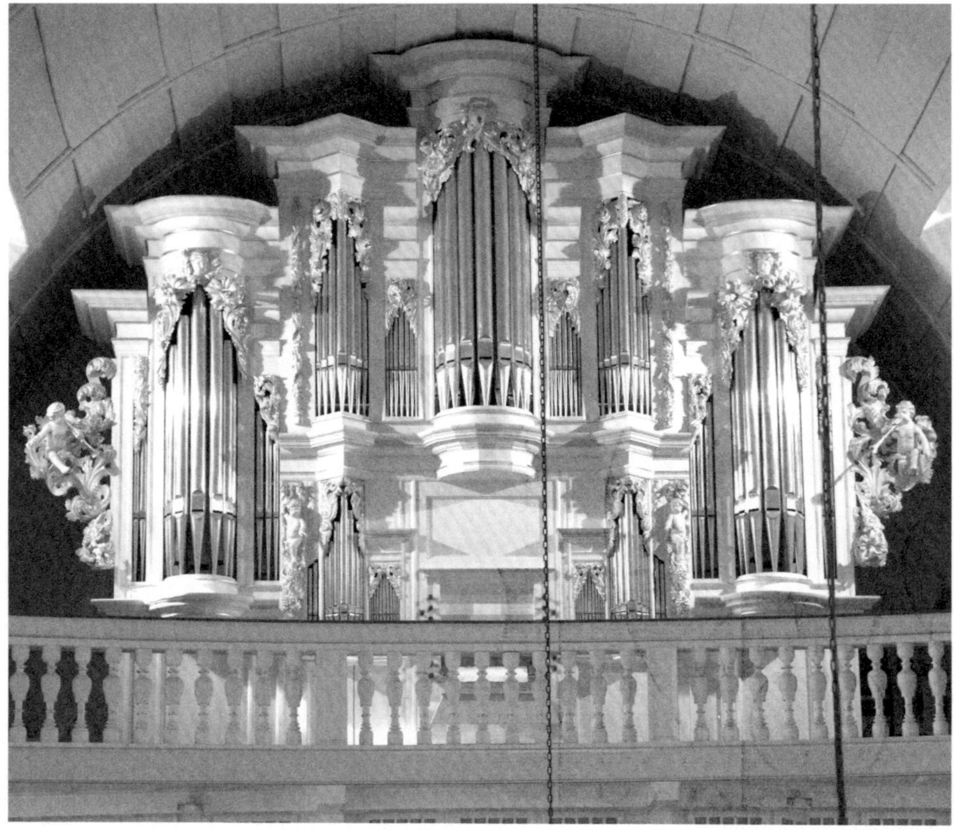

Arnstadt, Johann-Sebastian-Bach-Kirche. Wender-Orgel von 1703
Foto: Markus Zepf, Leipzig. Mit freundlicher Genehmigung.

In den fast zehn Jahren, die Bach am herzoglichen Hof in Weimar musizierte, sind viele Orgelwerke entstanden; leider ist die Orgel in der Kirche des Weimarer Schlosses, der sogenannten Himmelsburg, nicht erhalten (das alte Schloss fiel 1774 einem Brand zum Opfer). Deren Disposition lässt sich nur aus einem Dokument von 1737 annähernd erschließen; sie wurde 1708, 1712–14 (unter Bachs Leitung) und nochmals um 1719–20 verändert. Auch hier ist die dreifache Besetzung der labialen 8'-Lage bezeichnend; der Groß-Untersatz 32' geht auf Bach zurück und zeigt seine Vorliebe für einen gravitätischen Klang. Die Disposition ist abgedruckt in NA, Bd. 5, S. 16.

Bachs Kompetenz auf dem Gebiet des Orgelbaus kommt im 1754 veröffentlichten Nachruf, dem sogenannten Nekrolog, zum Ausdruck:

> Niemand konnte besser, als er, Dispositionen zu neuen Orgeln angeben, und beurtheilen. Aller dieser Orgelwissenschaft ungeachtet, hat es ihm, wie er oftmals zu bedauren pflegte, doch nie so gut werden können, eine recht grosse und recht schöne Orgel zu seinem beständigen Gebrauche gegenwärtig zu haben.[9]

Vielleicht dachte Bach bei dieser Äußerung an die Orgel von Zacharias Hildebrandt in Naumburg, die er im Jahr 1746 zu prüfen hatte. Es ist sogar denkbar, dass er weitergehenden Einfluss auf die Gestaltung dieses großen Instruments hatte.[10] Hier sind jedenfalls die Klangmöglichkeiten einer thüringisch-sächsischen Orgel in erstaunlichem Maße versammelt: sowohl ein gravitätischer Vollklang mit fünf Manual-Registern in 16'-Lage als auch eine reiche Palette an Grundregistern für Experimente mit Farbabstufungen im piano-Bereich. Einzig der in Norddeutschland typische Reichtum an Zungen-Registern ist in Naumburg limitiert.

Hauptwerk (mittleres Manual)	**Oberwerk** (oberes Manual)
Principal 16'	Bordun 16'
Quintadena 16'	Principal 8'
Octave 8'	Hohlflöte 8'
Spitzflöte 8'	Unda maris 8'
Gedackt 8'	Praestant 4'
Octave 4'	Gemshorn 4'
Spitzflöte 4'	Quinte 2 ⅔'
Quinte 2 ⅔'	Octave 2'
Sesquialtera 2fach	Waldflöte 2'
Octave 2'	Terz 1 ⅗'
Weitpfeife 2'	Quinte 1 ⅓'
Cornet 4fach	Sifflöte 1'
Mixtur 8fach	Scharff 5fach
Bombart 16'	Vox humana 8'
Trompete 8'	

9 Dok III, Nr. 666, S. 88 (Nekrolog, 1754).
10 Im Jahr 1743 hat Bach einen Vorschlag zur Reparatur ausgearbeitet, der allerdings nicht erhalten ist, Dok I, Nr. 47, S. 112–114.

Rückpositiv (unteres Manual)

Principal 8'

Quintadena 8'

Rohrflöte 8'

Viol di Gamba 8'

Praestant 4'

Fugara 4'

Rohrflöte 4'

Nasat 2 ⅔'

Octave 2'

Rauschpfeife 2fach

Mixtur 5fach

Fagott 16'

Pedal

Principal 16'

Violon 16'

Subbaß 16'

Octave 8'

Violon 8'

Octave 4'

Octave 2'

Mixtur 7fach

Posaune 32'

Posaune 16'

Trompet-Baß 8'

Clarin-Baß 4'

Koppeln:

Rückpositiv/Hauptwerk

Oberwerk/Hauptwerk

Hauptwerk/Pedal

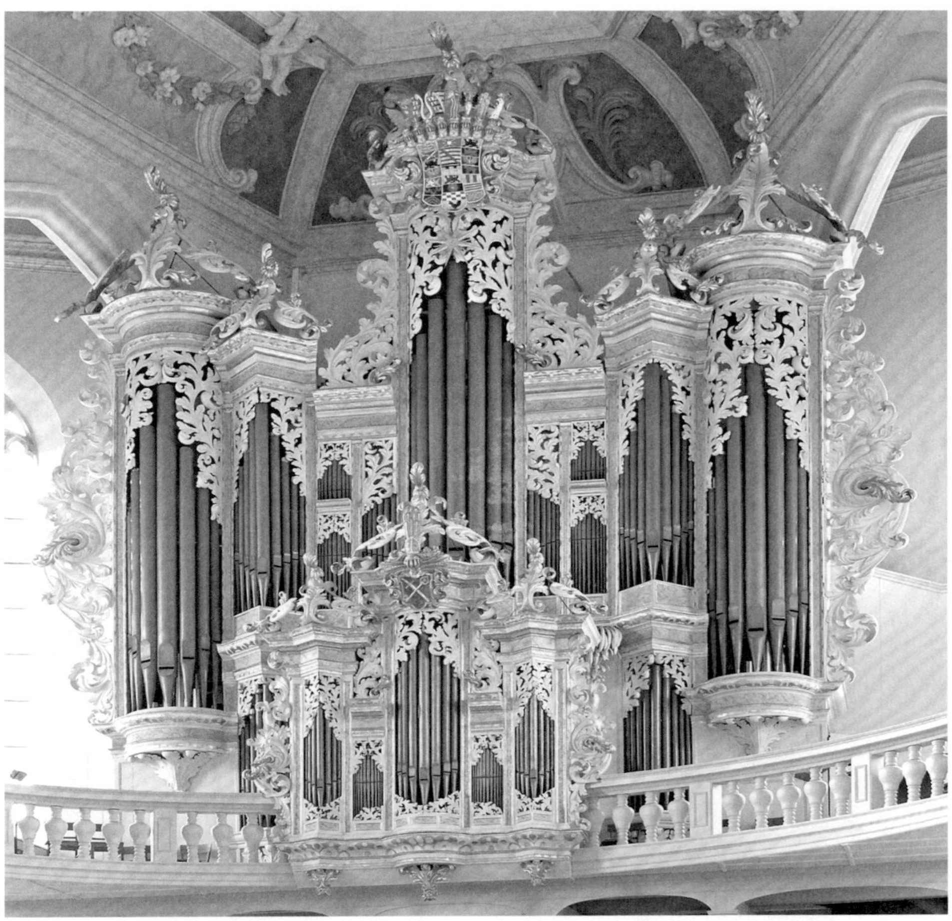

Naumburg, Wenzelskirche. Hildebrandt-Orgel von 1746
Foto: Lutz Naumann, Coburg. Mit freundlicher Genehmigung.

Im September 1725 ließ sich Bach in Dresden »auff dem neuen Orgel-Werck in der St. Sophien-Kirche in *Praeludiis* und diversen Concerten mit unterlauffender Doucen Instrumental-Music in allen Tonis über eine Stunde lang« hören.[11] Gottfried Silbermanns Instrument aus dem Jahr 1720 ist nicht erhalten; es zeigte die typischen Eigenheiten dieses Orgelbauers, darunter ein Pedal, das in der Höhe nur bis zur Taste c¹ reichte. Wenn Bach improvisierte, so

11 Dok II, Nr. 193, S. 150; Disposition bei Wolff/Zepf, *Bachs Orgeln*, S. 34f. – Christoph Wolff schlägt vor, bei diesem Anlass auch an eigentliche Orgelkonzerte mit Orchester zu denken, wie etwa das d-moll-Konzert BWV 1052 in den Fassungen aus den Kantaten BWV 146 und 188 (Wolff, *Sicilianos and Organ Recitals – Observations on J. S. Bach's Concertos*, in: Bach Perspectives, Bd. 7, University of Illinois Press, Urbana und Chicago 2008).

war das zu verschmerzen; doch weitere Standards, die ihm selbstverständlich waren, wird er vermisst haben. Bei der ausschließlichen Bassfunktion des Pedals mit zwei Labialstimmen in 16'-Lage, Trompete 8' und Posaune 16' war nicht nur ein Triospiel nahezu unmöglich, sondern auch an kunstvollere Orgelchoräle, die eine selbständige Bassführung voraussetzen, war nicht zu denken. Mit zwei gut ausgebauten Manual-Werken war diese Orgel ein repräsentatives Instrument. Viele andere Silbermann-Orgeln befinden sich in gutem Zustand und laden zu klanglichen Experimenten ein (→ S. 22).

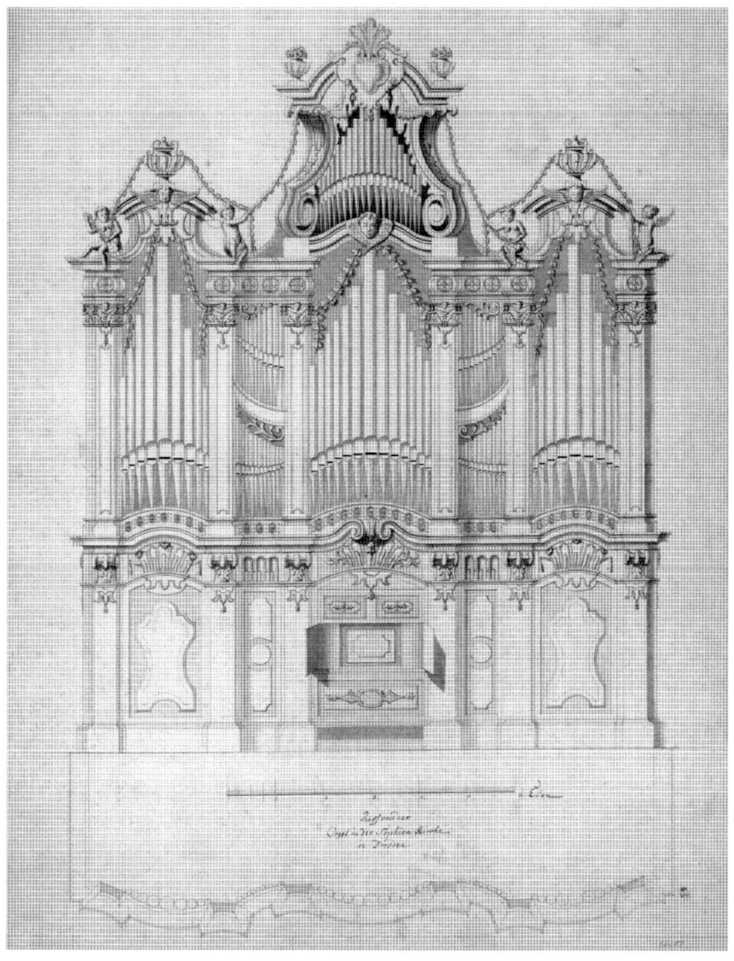

Dresden, Sophienkirche – Entwurf für das Orgelgehäuse (um 1718)
bpk / Staatliche Kunstsammlungen Dresden / Elke Estel

Was wissen wir über Bachs Registrierpraxis?

Ein Bericht Johann Nikolaus Forkels gibt dazu wertvolle Hinweise:

> Wenn Joh. Seb. Bach außer den gottesdienstlichen Versammlungen sich an die Orgel setzte, wozu er sehr oft durch Fremde aufgefordert wurde, so wählte er sich irgend ein Thema, und führte es in allen Formen von Orgelstücken so aus, daß es stets sein Stoff blieb, wenn er auch zwey oder mehrere Stunden ununterbrochen gespielt hätte. Zuerst gebrauchte er dieses Thema zu einem Vorspiel und einer Fuge mit vollem Werk. Sodann erschien seine Kunst des Registrirens für ein Trio, ein Quatuor etc. immer über dasselbe Thema. Ferner folgte ein Choral, um dessen Melodie wiederum das erste Thema in 3 oder 4 verschiedenen Stimmen auf die mannigfaltigste Art herum spielte. Endlich wurde der Beschluß mit dem vollen Werke durch eine Fuge gemacht.[12]

In diesem Text erscheint einerseits der Begriff »das volle Werk«, die Registrierung des Organo pleno mit den Prinzipalen und Mixturen, als feststehende Größe (→ S. 23), andererseits werden die leiseren Klänge für Trios und Choräle als besonders kunstvoll beschrieben. Leider vermitteln nur wenige Angaben von Bach selbst Einblicke in diese »Kunst des Registrierens«.

Im Concerto d-moll nach Antonio Vivaldi BWV 596 werden die beiden Violinen am Beginn durch Prinzipal-Register wiedergegeben (es handelt sich um »Octava 4'«, wobei aber die 4'-Lage nur dazu dient, die Grenze der damaligen Manualklaviatur bei c^3 zu »überlisten«; wenn wir heute einen größeren Manualumfang zur Verfügung haben, tun auch zwei Prinzipale in 8'-Lage, natürlich eine Oktave höher gespielt, denselben Dienst).[13] Diese Angabe ist deshalb wichtig, weil dadurch dokumentiert ist, dass ein Prinzipalklang als Stellvertreter des Streicherklangs aufgefasst wurde.

> Schnelle Konzertsätze klingen sehr schön mit Prinzipalkombinationen in 8'- und 4'-Lage, eventuell 2'; Mixturen sollten nur im Notfall verwendet werden.

Auch im Orgelbüchlein-Choral »Gott, durch deine Güte oder Gottes Sohn ist kommen« BWV 600 wird Prinzipal 8' für die drei Manualstimmen verlangt; dazu spielt das Pedal mit Trompete 8' die zweite Kanon-Stimme in Tenorlage. Der führende cantus firmus erklingt also mit Prinzipal 8' im Sopran, die folgende Kanonstimme mit Trompete 8' im Pedal. Auf

12 Dok VII, S. 34; Faksimile Forkel, S. 22.

13 NA, Bd. 5, S. 29 und 150. So ist auch im Concerto C-dur BWV 594 zu verfahren: die Abschnitte auf dem Rückpositiv sind ohne 8'-Register zu spielen, vgl. Bd. 5, S. 15 und 127.

den meisten heutigen Orgeln ist die klangliche Balance mit diesen beiden Registern nicht zu erreichen (man wird im Manual eine Oktav 4' hinzuziehen). Bachs Angabe lässt aber deutlich werden, wie vokal die Trompete seiner Orgel gewesen sein muss.

»Ein feste Burg ist unser Gott« BWV 720 beginnt im zweistimmigen Satz; in der Abschrift von Bachs Weimarer Kollegen Johann Gottfried Walther wird für die bewegte Bassstimme *Fagotto* und für den Diskant *Sesquialtera* vorgeschlagen.[14] Auch Georg Friedrich Kauffmann empfiehlt in seinen Orgelchorälen öfter eine Zungen-Registrierung für die linke Hand im zweistimmigen Satz. Dies ist ein nützliches Rezept: man mache sich nur klar, dass in tiefer Lage mit dem Gedackt 8' oder der Flöte 8' die Tonhöhe bei schneller Figuration kaum erkennbar ist. Mit Vox humana 8' oder Dulcian 8', mit Fagott 16' (jeweils mit höheren Labialstimmen) klingt eine solche Bassstimme deutlich und lebendig – lebendig, wie das Blasinstrument Fagott. Bachs Vorliebe für den Klang der Sesquialtera lässt sich auch anderweitig belegen: Im Eingangschor der Matthäus-Passion verlangt er dieses Register zur Verstärkung der vom »Soprano in ripieno« gesungenen Choralmelodie »O Lamm Gottes, unschuldig«; schon im oben genannten Mühlhäuser Umbauvorschlag legte er Wert darauf, in allen drei Manualen einen Sesquialtera-Klang zur Verfügung zu haben.

»Ein feste Burg ist unser Gott« BWV 720 scheint mit drei Manualen (Oberwerk, Rückpositiv, Brustwerk) zu rechnen, wie Bach sie während seines einjährigen Wirkens in Mühlhausen zur Verfügung hatte. Erklärungsbedürftig ist freilich das Faktum, dass zu Beginn einzelne Register genannt werden, später aber das jeweilige Manual. Wenn wir unterstellen, dass der zweistimmige Satz in T. 39 (Angabe *Oberwerk*) gleich klingen soll wie zu Beginn, ist die Fagott-Farbe auf dem Oberwerk (Hauptwerk) zu denken, die Sesquialtera auf dem Brustwerk. Die Registrierung des Rückpositivs (T. 20), vermutlich mit Prinzipalen, muss klanglich auf das *Fagotto* abgestimmt sein (Trio-Satz ab T. 24). Für den dreistimmigen Manualsatz ab T. 50 wird in den Quellen keine Angabe gemacht; die rechte Hand kann ab T. 48 aufs Rückpositiv wechseln und der Klang eventuell etwas verstärkt werden. Wer nur zwei Manuale zur Verfügung hat (so auch Johann Tobias Krebs, der Schreiber der Handschrift *P 802*), wird für die Stellen auf dem Rückpositiv umregistrieren oder das ganze Stück mit der anfangs gewählten Klangfarbe durchspielen. Dabei ist zu bedenken, dass eine Sesquialtera-Registrierung nicht ausschließlich Solo-Charakter hat, sondern in Kombination mit substanziellen 8'- und 4'-Registern auch für mehrstimmiges Spiel geeignet ist.

Seit Philipp Spitta[15] wird BWV 720 mit der Wiedereinweihung von Bachs Mühlhäuser Orgel nach dem Orgelumbau, vermutlich im Jahr 1709, in Verbindung gebracht. Doch nach Adlung soll das Fagott nur als Bass-Register gebaut worden sein.[16] Andererseits ist nicht zu übersehen, dass das Experiment, *drei*

14 NA, Bd. 9, S. 146 und 178.

15 Spitta, *Bach*, Bd. 1, S. 394.

16 Adlung, *Musica mechanica*, S. 261, schreibt »C bis c«, wahrscheinlich gemeint bis c^1. BWV 720 beginnt indes mit dem Ton d^1. Vgl. Williams, *Bachs Orgelwerke*, Bd. 2, S. 327.

Manuale einzusetzen, mit diesem Orgeltyp bestens harmoniert. Wenig später verschwinden Rückpositive und Brustwerke in Sachsen und Thüringen fast ganz. »Ein feste Burg« ist voll und ganz auf den älteren Orgeltyp zugeschnitten und lässt den vielfältigen Wechsel der Klänge bewundern. Sollte Bach nicht BWV 720 gespielt haben, so können wir uns eine ähnliche Improvisation zu diesem Anlass als ein wunderbares Fest der Klangfarben vorstellen.

Im Allgemeinen wird in deutscher Orgelmusik – im Unterschied zur französischen – die Registrierung nicht explizit vorgeschrieben. Indes lässt sich Bachs »Kunst des Registrierens« (→ S. 19) über einige Dokumente noch genauer fassen; sie – so Forkel –

> war so ungewöhnlich, daß manche Orgelmacher und Organisten erschraken, wenn sie ihn registriren sahen. Sie glaubten, eine solche Vereinigung von Stimmen [Registern] könne unmöglich gut zusammen klingen; wunderten sich aber sehr, wenn sie nachher bemerkten, daß die Orgel gerade so am besten klang, und nun etwas Fremdartiges, Ungewöhnliches bekommen hatte, das durch ihre Art zu registriren, nicht hervor gebracht werden konnte.[17]

Einen Hinweis erhalten wir durch Bachs Äußerung anlässlich der Orgelprüfung in der Paulinerkirche (Universitätskirche) in Leipzig im Jahr 1717: er habe »das werck [...] nicht gnugsam rühmen und loben können, sonderlich deren Raren Register, welche neu verfertiget, und in sehr vielen Orgeln nicht zu finden«.[18] Der Bach-Schüler Johann Friedrich Agricola (1720–1774), ein sehr kompetenter Berichterstatter, benennt diese neuen Tendenzen genauer:

> Die Alten glaubten, daß zwo gleiche Stimmen von verschiedener Mensur übel klingen müßten, wenn sie zusammen gezogen würden. Sind diese Stimmen gut gearbeitet und rein gestimmet; so kann man die Alten alle Tage durch derselben vereinigten Gebrauch widerlegen. Ich habe in einer gewissen Orgel das liebliche Gedackt, die Vugara, die Quintadene und die Hohlflöte alle von 8Fuß, ohne irgend eine andere Stimme, zusammen gehöret, welches eine schöne und fremde Wirkung that.[19]

Agricola bezieht sich auf die Orgel der Schlosskirche Altenburg/Thüringen; er ist in dieser Gegend aufgewachsen, so muss er die von Heinrich Gottfried Trost erbaute Orgel gut gekannt haben.[20] Tatsächlich sind dort die vier genannten Register vorhanden und man kann

17 Dok VII, S. 33; Faksimile Forkel, S. 20.
18 Brief von Daniel Vetter über die Orgelabnahme; Dok I, S. 166f.
19 Marpurg, *Historisch-Kritische Beyträge*, Bd. 3, S. 505; Faulkner, *Registrierung*, S. 15 und 27.
20 Wolff/Zepf, *Bachs Orgeln*, S. 25f.

sich noch heute von der »fremden Wirkung« überzeugen. Aber auch an der Hildebrandt-Orgel in Naumburg (→ S. 15) machen die fast unbegrenzten Möglichkeiten solcher Farbkombinationen viel Vergnügen.

An gleicher Stelle gibt Agricola weitere Hinweise, die offenbar die Meinung der Bach-Schule tradieren. Eine Registrierung ohne 8' wird nicht mehr empfohlen; die Flöte 4' allein, die seit Costanzo Antegnati (*Arte Organica*, 1608) den Canzonen ihren leichten Charakter verleiht, scheint außer Gebrauch zu kommen. In dieselbe Richtung geht die Ablehnung von »offenen« Registrierungen (beispielsweise 8' + 2'); vorgezogen werden jetzt die beschriebenen 8'-Farbmischungen. Heutige Orgeln, besonders solche aus den 1960er- und 1970er-Jahren, sind oft arm an diesen 8'-Klängen; um eine gewisse Abwechslung zu erreichen, sind deshalb die von Agricola verworfenen Registrierungen kaum zu umgehen. Quentin Faulkner hat Agricolas Text kommentiert und mit anderen Dokumenten verglichen.[21]

Hinweise zur Registrierung aus Bachs Umgebung

Noch kurz vor 1700 formuliert Andreas Werckmeister das sogenannte Aequalverbot: zwei Register von gleicher Fußtonlage, jedoch unterschiedlicher Mensur, sollen nicht zugleich gezogen werden.[22] Ähnlich äußert sich Friedrich Erhard Niedt, der Unterricht bei Johann Nicolaus Bach, dem »Jenaer Bach«, genossen hatte. Wir erhalten dadurch einen »reinen« Klang, der in erster Linie auf Deutlichkeit des kontrapunktischen Stimmverlaufs ausgerichtet ist. Dies entspricht der musikalisch-stilistischen Situation, wie sie uns etwa in den Kompositionen von Pachelbel oder Buxtehude entgegentritt. Die überlieferten Registrieranweisungen aus dem früheren 17. Jahrhundert bestätigen diese Tendenz: beliebt waren helle Klänge, beispielsweise mit hohen Quint-Registern oder Cymbeln.[23] In der Orgelbewegung des 20. Jahrhunderts wurden solche Klänge wiederbelebt, und auf Orgeln dieser Zeit sind sie – wie eben gesagt – oft unentbehrlich.

Auch Gottfried Silbermann, in Sachen Orgelbau der bekannteste Name im Umfeld Johann Sebastian Bachs, vertritt eher eine »klassische« Linie; Farbklänge mit mehreren 8'-Registern sind nicht seine Sache, da er »seine Kunst gröstentheils in Frankreich erlernet hatte«.[24] Dennoch finden wir in den überlieferten Tabellen die Kombination Prinzipal 8' und Spitz-

21 Faulkner, *Registrierung*, S. 20f.

22 Werckmeister, *Orgelprobe* (zweiter Teil des Reprint-Bandes), S. 71f.

23 Bei Samuel Scheidt, Tabulatura Nova, 3. Teil, Vorwort, werden als »scharffe Stimmen den Choral deutlich zu vernehmen« Registrierungen mit Mixtur, Zimbel oder Superoctav empfohlen. Das Register Sesquialtera wird erst ab etwa 1640 gebaut.

24 Marpurg, *Historisch-Kritische Beyträge*, Bd. 3, S. 500. Gottfried Silbermann lernte bei seinem Bruder Andreas in Strassburg, der seinerseits zwei Jahre in Paris studiert hatte.

flöte 4'[25] (wenn der Prinzipal einer Orgel nicht gefallen will, versuche man eine Aufhellung mit Flöte 4'). Zum »reinen, vollen Spiel« – heute würden wir sagen: zum Vollen Werk, zum Organo pleno – wird die Prinzipal-Pyramide 8', 4', 3', 2', Mixtur durch die Rohrflöte 8' ergänzt. Zu dieser Frage ist die Ohr-Kontrolle in jedem Fall unerlässlich: es gibt Orgeln, bei denen die Verdopplung der 8'-Lage durch ein Flötenregister eher Verstimmung oder Undeutlichkeit bewirkt (z. B. die norddeutsche Barock-Orgel, Typus Arp Schnitger); andererseits sind heutige Orgeln oft auf eine solche Verstärkung des Klangfundaments angewiesen. Spezielle Kombinationen aus dem Silbermann-Umfeld sind etwa Gedackt 8', Rohrflöte 4', Sifflöte 1' oder das »Stahlspiel«: Gedackt 8', Nassat 3', Quinta 1⅓', Tertia 1⅗' im Oberwerk als Solo, dazu Rohrflöte 8' und Spitzflöte 4' im Hauptwerk als Begleitung. Diese Angaben ermuntern dazu, mit der eigenen Klangphantasie zu experimentieren!
Zum »Vollen Werk« gibt Johann Mattheson die Basis-Empfehlung: Zungen im Pedal, nicht im Manual.[26] In der Tat: Wenn die Pedalstimme einen melodischen Duktus aufweist, wie meist bei Bach, so erreicht man mit Zungen-Registern (Trompete oder Posaune) kontrapunktische Klarheit. Im Unterschied zu Mattheson lässt der wichtige Gewährsmann Agricola im Manual die Trompeten zu; vieles überlässt er dem »Orgelspieler, der ein feines Gehör hat«.[27] Nichtsdestotrotz ist »Mixturklang im Manual – Zungen im Pedal« ein gutes Alltagsrezept!
Mehrfach muss Bach Kontakt gehabt haben mit dem Merseburger Organisten Georg Friedrich Kauffmann (1679–1735), dem Autor der »Harmonischen Seelenlust«, die 1733–36 in Leipzig gedruckt wurde.[28] Kauffmanns Registrierungen geben weitere Anregungen: Zungen-Register wie Vox humana und Fagott sind außerordentlich beliebt, nicht nur in Basslage, sondern auch im Trio-Satz. Generell werden Manual-Registrierungen mit 16' öfter vorgeschlagen, als wir das heute gewohnt sind; dabei handelt es sich freilich um das Fagott 16' oder die Quintadena 16', also Register, die den Kontrapunkt deutlich werden lassen. Wenn wir heute mit dem Bourdon 16' experimentieren, so dürfte das Resultat ernüchternd ausfallen! Bei Kauffmanns traditionellem Satz erscheinen meist Registrierungen ohne Verdopplungen. Die wenigen Ausnahmen sind aber bezeichnend; besonders hingewiesen sei auf »O Herre Gott, dein göttlich Wort« in A-dur.[29] Die Angabe »Con affetto« korrespondiert mit der Registrierung »Principal und Gemshorn 8«; einige Legato-Bögen unterstreichen die kantable Charakteristik (→ S. 21).[30]

25 Diese und die folgenden Angaben nach Greß, *Klanggestalt*, S. 127f.; Ernst Flade, *Gottfried Silbermann – Ein Beitrag zur Geschichte des deutschen Orgel- und Klavierbaus im Zeitalter Bachs*, Breitkopf & Härtel, Leipzig 1952, S. 144.
26 Mattheson, *Capellmeister*, S. 467; Faulkner, *Registrierung*, S. 9.
27 Faulkner, *Registrierung*, S. 14.
28 Dok II, Nr. 119, Nr. 377 und öfter.
29 Georg Friedrich Kauffmann, Harmonische Seelenlust, hrsg. von Pierre Pidoux, Bärenreiter, Kassel etc., 1924, S. 108.
30 In der Bärenreiter-Ausgabe sind einige Fehler zu korrigieren; die Original-Ausgabe ist online verfügbar (Staatsbibliothek zu Berlin, Preußischer Kulturbesitz).

Für Kauffmann und wohl auch für Bach kann man vorsichtig die Regel formulieren: bei kontrapunktischem Satz bringt eine Prinzipal-Registrierung mit 8' + 4' oder mit 8' + 4' + 2' alle Lagen vom Bass bis zum Diskant am deutlichsten zur Geltung. Verdopplungen der 8'-Lage sind primär für diskantbetonte, kantable Stücke empfehlenswert.

Im Unterschied zu Kauffmann liebte der Danziger Organist Daniel Magnus Gronau (um 1699–1747) Verdopplungen der 8'- und 16'-Lage sehr; oft zieht er im Pedal Principal 16', Violone 16' und Basso coperto 16' zusammen, ähnlich die 8'- und die 4'-Lage in den Manual-Registrierungen.[31] Wie sollen wir das verstehen? Daraus eine allgemeine Regel abzuleiten, scheint mir problematisch. Deutlich wird freilich, dass es in der 1. Hälfte des 18. Jahrhunderts unterschiedliche Meinungen gab. Wie schon angedeutet, ist die Kontrolle durch das Ohr unumgänglich.[32]

Temperierung

Auch auf diesem Gebiet vollzog sich von etwa 1670 bis 1720 eine Wende. Bachs Wohltemperiertes Klavier legt eine Stimmung nahe, die gleichstufig oder doch nahe dabei zu denken ist. Ein As-dur-Akkord darf das Ohr nicht beleidigen, wie das bei der mitteltönigen Stimmung in extremer Weise der Fall ist. Wenn Bach sich an ein Cembalo setzte, so konnte er selber in kurzer Zeit die von ihm gewünschte Stimmung realisieren; beim Orgelspielen musste er mit dem jeweils Vorhandenen vorliebnehmen. In Arnstadt, Mühlhausen und Weimar hatten die Orgelbauer Wender und Trebs mit hoher Wahrscheinlichkeit eine Temperierung in der Art von Werckmeister III gelegt (siehe unten); Gottfried Silbermanns System dürfte noch stärker der Mitteltönigkeit verhaftet gewesen sein;[33] sein Schüler Zacharias Hildebrandt aber habe nahezu gleichstufig gestimmt.[34] Bachs Orgelwerke bleiben im erweiterten Bereich der Kerntonarten (H-dur, Fis-dur, Cis-dur und As-dur kommen als Grundtonarten nicht vor).

31 Daniel Magnus Gronau, Choralvariationen für Orgel, hrsg. von Martin Rost und Krzysztof Urbaniak, 2 Bände, ortus musikverlag, Beeskow 2015.

32 Verdopplungen der 8'- und 4'-Lage werden schon 1584 in Spanien genannt, vgl. Andrés Cea Galán, »El libro del organo de Maese Jorge flamenco, unas memorias de registros y misturas en el archivo catedralicio de Sevilla«, in: Nassarre 9/1 (1993), S. 33–77.

33 Franz Josef Ratte, *Die Temperaturen der Bach-Orgeln und die Konsequenzen für Johann Sebastian Bachs choralgebundene Orgelmusik*, The Organ Yearbook 29 (2000), S. 45–58; Frank-Harald Greß, *Die Orgeltemperaturen Gottfried Silbermanns – Ein Beitrag zur Theorie und Praxis der Orgeldenkmalpflege*, Freiberger Studien zur Orgel, Nr. 12, Kamprad, Altenburg 2010.

34 Ulrich Dähnert, *Der Orgel- und Instrumentenbauer Zacharias Hildebrandt – Sein Verhältnis zu Gottfried Silbermann und Johann Sebastian Bach*, Breitkopf & Härtel, Leipzig o. J. (Vorwort datiert 1960), S. 115.

Um die aufgeworfenen Fragen zu verstehen, ist es notwendig, etwas weiter auszuholen. Ein Intervall lässt sich mathematisch fassen als das Verhältnis der Schwingungszahlen: bei einer Oktav schwingt der obere Ton doppelt so schnell wie der untere (sie schwingen im Verhältnis 2:1), bei einer Quint lautet das Verhältnis 3:2. Die Reinheit eines Intervalls lässt sich von einem musikalisch geschulten Ohr unmittelbar – ohne Zuhilfenahme der Mathematik – feststellen; zum tieferen Verständnis ist freilich die Mathematik unerlässlich.[35] Wenn ich durch 12 Quinten kontinuierlich aufsteige, so erhalte ich einen Ton, der um weniges höher ist als 7 Oktaven; diese Differenz bezeichnet man als *pythagoreisches Komma*, ein Mikro-Intervall, das vom Ohr eher als Unreinheit, nicht als eigentlich musikalisches Intervall wahrgenommen wird. Die naheliegende Problemlösung besteht darin, dieses Komma auf die 12 Quinten aufzuteilen; so erhalten wir die sogenannte gleichstufige Stimmung (auch gleichschwebend genannt), die heute als das normale Stimmungssystem gilt. Dabei werden die Quinten etwas zu klein gestimmt, was als ganz leichte Trübung der Reinheit wahrzunehmen ist. Die Groß-Terzen (z. B. *c-e*) sind deutlich zu groß, vom Ohr aber noch zu tolerieren.

Nun gab es zu Beginn der Neuzeit eine Periode, in der die Terz eine so wichtige Stellung einnahm, dass man sie rein stimmen wollte. Damit kommt zusätzlich das Verhältnis 5:4, das Schwingungsverhältnis der großen Terz, ins Spiel, wodurch sich die mathematischen Bezüge wesentlich komplizieren. Dieses sogenannte mitteltönige Stimmungssystem war von etwa 1500 bis 1670 vorherrschend. Durch das Eingehen auf die reine Terz entstehen relativ enge Quinten, die die Toleranzgrenze unserer Ohren stark strapazieren. Zudem lässt sich nun der Zirkel der zwölf (wesentlich zu kleinen) Quinten nicht mehr schließen. Dies ist der in Orgelprüfungen immer wieder genannte »Wolf«; er liegt in der Regel zwischen *gis* und *es*. Ein As-dur-Dreiklang klingt in der mitteltönigen Stimmung so scharf, dass auch ein ungeschultes Ohr erschrickt.

Zur Erweiterung des terzenreinen Systems erhielten manche Tasteninstrumente geteilte Obertasten: Der vordere Teil der Taste lässt *gis*, der hintere Teil *as* erklingen. Dazu müssen natürlich eigene Saiten bzw. Pfeifen gebaut werden, also eine aufwendige Sache. Auch noch kompliziertere Teilungen der Oktave wurden ersonnen und im Instrumentenbau verwirklicht.

Hier sind wir bei einem Punkt, zu dem sich Andreas Werckmeister (1645–1706) mehrfach geäußert hat: Subsemitonien (geteilte Obertasten) lehnt er ab; vielmehr müsse man versuchen, den Quintenzirkel zu schließen. Sein wichtigstes Buch zu diesem Thema trägt den Titel

> *Musicali*sche *Temperatur* / Oder / deutlicher und warer *Mathemati*scher Unterricht / Wie man durch Anweisung des / MONOCHORDI / Ein Clavier / sonderlich die Orgel-Wercke [...] wol temperirt stimmen könne / damit nach heutiger *mani*er alle *Modi ficti* [Tonarten mit vielen Vorzeichen] in einer angenehm- und erträglichen *Harmonia* mögen genommen werden.[36]

35 Einen einfachen Zugang vermittelt Bernhard Billeter, *Anweisung zum Stimmen von Tasteninstrumenten in verschiedenen Temperaturen*, Merseburger, Kassel 1979, 3. verbesserte Auflage 1989.

36 Andreas Werckmeister, *Musicalische Temperatur*, Quedlinburg 1691, Reprint hrsg. von Rudolf Rasch, The Diapason Press, Utrecht 1983.

Anlass zu diesen Neuerungen ist also der Wunsch, in den beiden modernen Tongeschlechtern, Dur und Moll, unbeschränkt modulieren zu können; die alten Modi, die Kirchentonarten, werden kaum mehr verwendet. Werckmeisters bekanntester Temperierungsvorschlag *(Werckmeister III)* bleibt im Kernbereich – grob gesprochen bei den Untertasten der Klaviatur – nahe beim mitteltönigen Prinzip; die übrigen Quinten werden rein gestimmt. Auf diese Weise lässt sich der Quintenzirkel schließen und der Wolf wird vermieden. Anders ausgedrückt: Das pythagoreische Komma wird nicht auf zwölf Quinten verteilt, sondern auf sechs Quinten. Das Instrument Orgel war in diesem Prozess ein konservativer Pol. Die Choräle werden in den gebräuchlichen Tonarten gespielt, und für die Begleitung der singenden Gemeinde sind die reinen Terzen ein Gewinn. Außerdem benötigt die Neustimmung einer ganzen Orgel viel Zeit. Die Diskussionen über diesen Punkt lassen oft die Meinungen aufeinanderprallen. Das ist noch heute so: in den Kreisen der »historisch informierten Musikpraxis« wird meist eine Temperierung in der Art Werckmeisters bevorzugt, auch wenn Cisdur mit einer gewissen Schärfe der Terz aufwartet.

In Werckmeisters postum erschienenem Buch, den eher spekulativen »Musicalischen Paradoxal-Discoursen« (1707),[37] wird auch die gleichstufige Stimmung erwähnt, die wohl Johann Sebastian Bach mit seinem Titel »Das wohltemperirte Clavier« (1722) gemeint hat. Ob allerdings Bach den völligen Ausgleich des Kommas auf die 12 Quinten intendierte oder ob es ihm ein Anliegen war, die Dreiklänge der Kerntonarten etwas reiner zu haben, entzieht sich unserer Kenntnis.

37 Werckmeister, *Musicalische Paradoxal-Discourse* (letzter Teil des Reprint-Bandes), S. 110f.

HANDWERK

Üben – Das Clavichord

Wenn wir den Schalter unserer Orgelanlage betätigen, um zu üben, sind wir uns selten dessen bewusst, wie viel schwieriger das zur Zeit Bachs gewesen war. Abgesehen davon, dass in Kirchen die Erlaubnis zum Üben kaum erteilt worden wäre, müsste mindestens ein Helfer für das Aufziehen der Bälge zur Verfügung gestanden haben. Als Übe-Instrument für Organisten hat wohl meist das Clavichord gedient; diese Instrumente waren relativ klein und wesentlich preiswerter als ein Cembalo. Zudem sind einige Instrumente mit Pedal erhalten, die eine Verbindung zur Orgel direkt aufzeigen; besonders bekannt geworden ist das zweimanualige Clavichord von Johann David Gerstenberg (1716–1796) mit selbständigem Pedal, das im Museum für Instrumente der Universität Leipzig steht, nachgebaut wurde und im GOArt Center Göteborg (Schweden) im Unterricht Verwendung findet.[38]

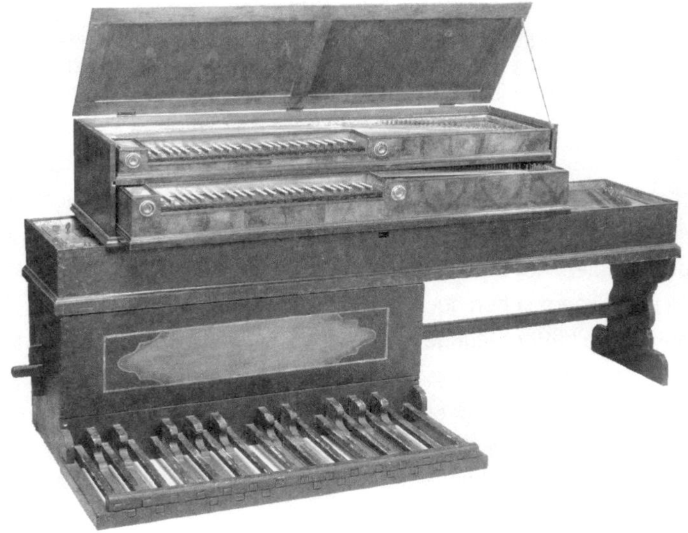

Pedalclavichord von J. D. Gerstenberg, Geringswalde, 1760
Musikinstrumentenmuseum der Universität Leipzig, Inv.-Nr. 23

Die Anschlagsbewegung am Clavichord unterscheidet sich grundsätzlich vom Cembalo und von der mechanischen Orgel, genauer: der mechanischen Schleifladen-Orgel. Während dort gleich zu Beginn der Tastenbewegung ein Widerstand, der »Druckpunkt«, zu überwinden

38 Speerstra, *Bach and the Pedal Clavichord*, S. 52f.

ist, muss beim Clavichord die Taste mit einem gewissen Schwung angefasst werden. Die Tangente (ein Metallplättchen am hinteren Ende des Tastenhebels) definiert erst die Länge der schwingenden Saite; der Impuls muss stark genug sein, um die Schwingung überhaupt anzuregen. Im 16. Jahrhundert war das Clavichord in Spanien sehr beliebt und die Spieltechnik wurde genau beschrieben; bei Tomás de Santa María lesen wir, die Fingerbewegung müsse »impetu« (Schwung, Entschlossenheit) aufweisen, um einen schönen Klang zu erzielen.[39] Das zweite, ebenso wichtige Element ist die Notwendigkeit, nach dem Anschlag den Druck auf der Taste aufrechtzuerhalten. Sollte dieser zu schwach sein, so verschwindet der Ton sogleich wieder, ist er aber zu groß, so steigt der Ton, er »heult«. Das Clavichord ist das einzige Tasteninstrument, bei dem der Finger über die Verbindung von Taste und Tangente in dauerndem Kontakt mit der Saite bleibt. Bekannt ist ja, dass auf diesem Weg sogar ein Vibrato (die sogenannte Bebung) möglich ist.[40]

Die Hochblüte des Clavichord-Spiels in der zweiten Hälfte des 18. Jahrhunderts ist vor dem Hintergrund des Sturm und Drang und der Frühromantik eine bemerkenswerte Erscheinung. Den Differenzierungsmöglichkeiten des Anschlags werden feinste Nuancierungen im Ausdruck abgewonnen. In zahlreichen Werken von Carl Philipp Emanuel Bach sind Stärkegrade bis zum ***pp*** und die Bebung bei einzelnen Tönen exakt im Notenbild eingefangen. Das Clavichord ist »für jeden Hauch der Seele empfänglich, so findest du hier deines Herzens Resonanzboden«.[41]

Die Aussage des Bach-Biographen Johann Nikolaus Forkel mag aus dem Blickwinkel des späten 18. Jahrhunderts etwas überzeichnet sein; dennoch darf sie hier nicht fehlen: »Am liebsten spielte er auf dem Clavichord. Die sogenannten Flügel [Cembali], obgleich auch auf ihnen ein gar verschiedener Vortrag statt findet, waren ihm doch zu seelenlos, und die Pianoforte waren bey seinem Leben noch zu sehr in ihrer ersten Entstehung, und noch viel zu plump, als daß sie ihm hätten Genüge thun können. Er hielt daher das Clavichord für das beste Instrument zum Studiren, so wie überhaupt zur musikalischen Privatunterhaltung. Er fand es zum Vortrag seiner feinsten Gedanken am bequemsten, und glaubte nicht, daß auf irgend einem Flügel oder Pianoforte eine solche Mannigfaltigkeit in den Schattirungen des Tons hervor gebracht werden könne, als auf diesem zwar Ton-armen, aber im Kleinen außerordentlich biegsamen Instrument«.[42]

Wie oben angedeutet, war Carl Philipp Emanuel Bachs Clavichordspiel, besonders im empfindsamen Adagio, von besonderem Reiz und sicher zu Recht berühmt. Indes hat Johann Sebastian Bach mit den sechs Partiten, dem Italienischen Konzert und vielen weiteren Werken dem Cembalo so großartige Werke auf den Leib geschrieben, dass er dabei kaum vom

39 Santa María, *Arte de tañer fantasia* (1565), fol. 37v.

40 CPEBach, *Versuch*, S. 126; vgl. Klapprott, *sangbar und zusammenhängend spielen*.

41 Christian Friedrich Daniel Schubart, zitiert nach Dammann, *Musikbegriff*, S. 488.

42 Dok VII, S. 29; Faksimile Forkel, S. 17.

Clavichord geträumt haben wird. Forkels Äußerung ist wohl zu stark durch die Brille des Sohnes gesehen. Forkels Beschreibung von Bachs Anschlag auf dem Clavichord wird unten mitgeteilt (→ S. 33).

Fingersatz und Pedal-Applikatur

Bekanntlich hat Bachs zweitältester Sohn, Carl Philipp Emanuel (1714–1788, fortan CPEBach) ein umfangreiches Lehrwerk über das Tastenspiel veröffentlicht: *Versuch über die wahre Art das Clavier zu spielen mit Exempeln und achtzehn Probe-Stücken in sechs Sonaten,* Berlin 1753 und 1762. Im Kapitel über den Fingersatz geht es darum, für einen melodischen Gedanken eine adäquate Fingerfolge zu finden, denn im Unterschied zu Johann Sebastian konzentriert sich seine Musik im Wesentlichen auf *eine* Hauptmelodie, deren Vortrag durch die richtige Fingersetzung ihre Kantabilität und Eleganz erhalten sollte. »Unsere Vorfahren, welche sich überhaupt mehr mit der Harmonie als Melodie abgaben, spielten folglich auch meistentheils vollstimmig. Wir werden aus der Folge ersehen, daß bey dergleichen Gedancken, indem man sie meistentheils nur auf eine Art heraus bringen kan, und sie nicht so gar viel Veränderungen haben, jedem Finger seine Stelle gleichsam angewiesen ist; folglich sind sie nicht so verführerisch wie die melodischen Passagien, weil der Gebrauch der Finger bey diesen letztern viel willkührlicher ist, als bey jenen«.[43] CPEBach formuliert damit, was sich zwischen der spätbarocken kontrapunktischen Satztechnik seines Vaters und dem klassischen beziehungsweise vorklassischen Stil der zweiten Hälfte des 18. Jahrhunderts verändert hat.

Für das Spiel von J. S. Bachs Orgelmusik ist die Bedeutung dieser Aussage kaum zu überschätzen. Im Abschnitt über die Artikulation wird zu zeigen sein, dass für das »ordentliche Fortgehen« (Marpurg), das normale Voranschreiten von einer Taste zur nächsten, eine ganz kleine Unterbrechung des Tons verlangt wird. So verstehen wir CPEBach zweifellos richtig, dass im mehrstimmigen Satz ein Weiterrücken mit demselben Finger erlaubt sei. In vielen Fällen betrifft das den Daumen oder den 5. Finger. Beispiele von Kopisten aus Bachs Umgebung bestätigen dies; für die Orgel besonders bedeutsam ist die von Johann Gottlieb Preller (1727–1786) überlieferte Fassung der Canzona d-moll BWV 588, die in Band 4 der NA auf S. 165 zu finden ist.[44] Die Technik des »ordentlichen Fortgehens« hat sich heute weitgehend etabliert; leicht kann sie durch weitere Nachweise belegt werden.[45]

Gegenpol ist der von Charles-Marie Widor und Marcel Dupré im frühen 20. Jahrhundert vertretene Legato-Stil, in dem für alle Stimmen des kontrapunktischen Gewebes eine stren-

43 CPEBach, *Versuch*, S. 16.

44 Erstmals publiziert in Faulkner, *Bachs Keyboard Technique*, S. 56–62; die Kombination von Verzierungen und Fingersatz-Ziffern erschwert die eindeutige Lesung der Quelle.

45 Eine wertvolle Quellensammlung bei Kooiman/Weinberger/Busch, S. 10–21.

ge Bindung angestrebt wird. Dies ist nur möglich durch zahlreiche stumme Fingerwechsel auf einer Taste, woraus ein recht komplexer Bewegungsablauf resultiert. Auch Karl Straube und weitere Herausgeber alter Orgelmusik notieren stumme Fingerwechsel bis gegen 1970. Danach hat sich in Anlehnung an historische Vorbilder allmählich eine einfachere Technik eingebürgert; bei großen Spannungen kann zweimal derselbe Finger gesetzt werden, etwa folgendermaßen:

Beispiel 1: CPEBach, Versuch, Notenbeilage, Tab. II, Fig. LVI

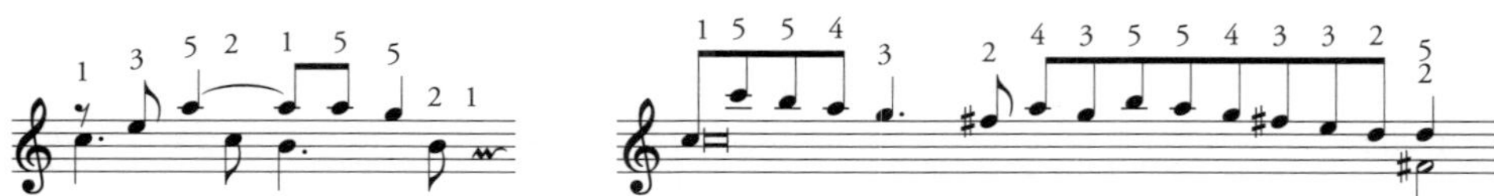

Beispielsweise für Orgelbüchlein-Choräle bringt dies eine erhebliche spieltechnische Erleichterung. So ist es nach dieser alten/neuen Technik erlaubt, den 5. Finger der rechten Hand mehrmals nacheinander einzusetzen, wenn etwa im Alt eine Sechzehntelfigur zu spielen ist. Selbstverständlich ist trotzdem anzustreben, dem Sopran-cantus-firmus eine melodische Dimension zu verleihen; doch dazu ist eher eine *innere Kraft* zu mobilisieren.

Im 18. Jahrhundert vollzieht sich die Entwicklung vom alten Skalenfingersatz mit vorherrschenden Zwei-Finger-Gruppen zum Daumenuntersatz. Die Umbruchsituation wird deutlich durch eine Tabelle des Bach-Schülers Johann Gotthilf Ziegler (1688–1747), der in Halle tätig war. Er gibt zwar schon den Daumenuntersatz, daneben aber auch eine Folge 2-3-4-5-2-3-4-5 als »neue Haupt-Applicatio« an. Noch 1752 stehen in CPEBachs *Versuch* für die gebräuchlichsten Tonarten mehrere Skalenfingersätze alternativ zur Wahl. Bei den Tonarten mit vielen Obertasten aber etabliert sich die moderne Regel, beim Aufsteigen den Daumen nach einer Obertaste einzusetzen (beim Absteigen umgekehrt), »wie ihn die Natur gleichsam gebraucht wissen will«.[46] Unterstützt wird der Daumenuntersatz dadurch, dass die Untertasten allmählich länger gebaut werden; bei alten Klaviaturen mit kurzen Untertasten kann der moderne Fingersatz regelrecht unbequem sein.

Meist wird die *Applicatio* BWV 994, das erste Stück im Klavier-Büchlein für Wilhelm Friedemann Bach (1720), als Bachs Anknüpfung an den alten Fingersatz aufgefasst. Seit klar geworden ist, dass es sich nicht um eine Komposition Bachs, sondern um ein traditionelles Fingersatz-Musterstück handelt,[47] mag man es auch anders verstehen, etwa im Sinne von »so hat man das früher gelehrt, aber heute ist

46 Gregor Hollmann, *Eine unbekannte Fingersatztabelle des Bach-Schülers Johann Gotthilf Ziegler*, in: Orgelkunst und Orgelforschung – Gedenkschrift Rudolf Reuter, Kassel etc. 1990, S. 64; CPEBach, *Versuch*, S. 17 und 25; Notenbeilage, Tab. I.

47 Peter Wollny, »Zwo Menuetten und eine halbe Arie« von Händel – Ein wenig beachtetes Hamburger Klavierbuch des frühen 18. Jahrhunderts, Händel-Jahrbuch, Jg. 61 (2015), S. 386.

das System nicht mehr aktuell«, stehen doch einige Seiten später manche Stücke in entlegenen Tonarten, in denen die Zwei-Finger-Gruppen kaum mehr anzuwenden sind.

Fragen des Skalenfingersatzes treten in Bachs Orgelmusik eher in den Hintergrund; dies im Gegensatz etwa zu Jan Pieterszoon Sweelinck, Heinrich Scheidemann oder Dieterich Buxtehude. Einstimmige Passagen bei Bach sind in der Regel eine Mischung aus Tonleitern (mit häufigen Richtungswechseln) und Akkordbrechungen; dafür wird oft eine Verteilung auf beide Hände angegeben. Zur Abschrift der Toccata C-dur BWV 564 notierte der Bach-Schüler Carl Gotthelf Gerlach[48] folgende Handverteilung (d[estra] rechte Hand; s[inistra] linke Hand) mitsamt Fingersätzen:

Beispiel 2: J. S. Bach, Toccata in C BWV 564, T. 1ff; Abschrift Gerlach

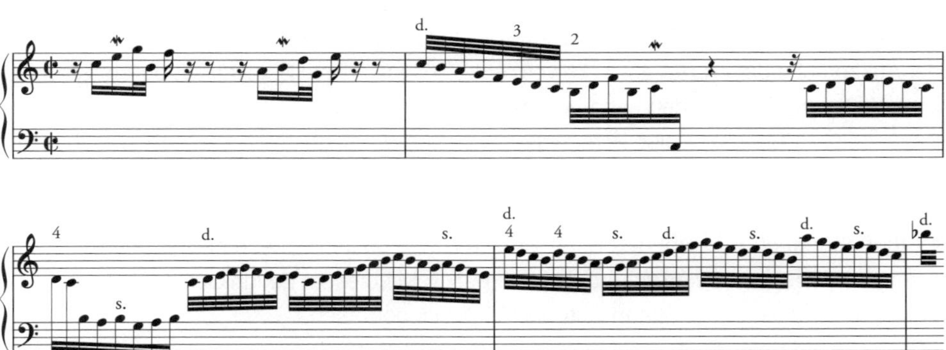

Auch beim Pedalspiel ist die kleine Unterbrechung des Tons beim *ordentlichen Fortgehen* als Norm anzunehmen. Wie oben erwähnt, sind die Pedaltasten der Arnstädter Orgel relativ kurz. An deren hinterem Ende befindet sich der Drehpunkt der Taste. Nahe beim Drehpunkt muss viel Kraft aufgewendet werden; im Gegensatz dazu kann die Fußspitze die Taste wesentlich leichter niederdrücken. Insbesondere ist es kaum möglich, die »Spitze-Absatz-Technik« von Untertaste zu Untertaste anzuwenden; anders dagegen bei der Fortschreitung von einer Obertaste zu einer Untertaste: hierbei befindet sich der Absatz (die Ferse) des Fußes schon in etwa mittiger Position.

Ausführliche Angaben zum Pedalspiel erhalten wir von Johann Samuel Petri (1738–1808), der seine Kenntnisse auf Wilhelm Friedemann Bach zurückführt.[49] Ähnlich wie bei der Einführung des Daumenuntersatzes ist zu beobachten, dass der Gebrauch des Absatzes vor allem bei den Tonarten mit mehreren Obertasten empfohlen wird. Aus anderen Beispielen

48 Blanken, Bach-Jahrbuch 2013, S. 116. Es handelt sich um das Manuskript Leipzig, Staatsarchiv, Signatur 21081/7369.

49 Petri, *Anleitung*, S. 314–331.

wird indes deutlich, dass auch hier die kleine Unterbrechung des Tones erwünscht war, so etwa beim »Fußschieben« von fis (rechter Fuß) nach gis (linker Fuß): »Dis Fußschieben besteht in jählinger Wegrükkung eines Fusses nach der Seite zu, wo der andere Fuß hin will«.[50] Wer Gelegenheit hat, die Fußbewegungen mehrerer Spieler zu beobachten, wird bemerken, wie verschieden dieses Rücken der Fußspitze zur nächsten Taste ausgeführt wird, sei es durch leichtes Drehen des Fußes oder einfach durch schnelles Verschieben. Wichtig ist jedenfalls – ähnlich dem Spielgefühl der Hand – ein guter Kontakt zur Taste.

Artikulation, die »Aussprache« beim Orgelspiel

Die »Art des Anschlags« ist »beym Clavier eben das, was in der Rede die Aussprache ist. Es kommt nehmlich, wenn der Vortrag so wohl im Spielen als im Reden oder Declamiren vollkommen seyn soll, auf den höchsten Grad von Deutlichkeit im Anschlag der Töne, und in der Aussprache der Wörter an«.[51] Es versteht sich, dass diese Deutlichkeit auf unterschiedliche Weise erreicht werden kann und dass man in dieser Hinsicht auch zu viel tun kann. Dazu meint CPEBach: »Einige Personen spielen klebericht, als wenn sie Leim zwischen den Fingern hätten. Ihr Anschlag ist zu lang, indem sie die Noten über die Zeit liegen lassen. Andere haben es verbessern wollen, und spielen zu kurtz; als wenn die Tasten glühend wären. Es thut aber auch schlecht. Die Mittelstrasse ist die beste; ich rede hievon überhaupt; alle Arten des Anschlages sind zur rechten Zeit gut«.[52] Mit diesem Zeugnis eines Praktikers und Pädagogen ist die ganze Spannweite der Sache eingefangen.
CPEBachs »Mittelstrasse« wird in einem anderen Lehrbuch noch genauer gefasst. Friedrich Wilhelm Marpurg beschreibt den normalen Anschlag, das »ordentliche Fortgehen«, so: »Sowohl dem Schleifen [Legato] als Abstossen [Staccato] ist das ordentliche Fortgehen entgegen gesetzet, welches darinnen besteht, daß man ganz hurtig kurz vorher, ehe man die folgende Note berühret [anschlägt], den Finger von der vorhergehenden Taste aufhebet«. [53] Diese beinahe fotographische Momentaufnahme des Spielvorgangs lässt nichts zu wünschen übrig. Ein dreistufiges Konzept (Legato – normaler Anschlag – Staccato) dürfte der Vorstellung der Bach-Zeit weitgehend entsprechen. Für den normalen Anschlag soll der Klang nur ganz kurz unterbrochen werden, etwa wie bei der Artikulationssilbe »t« beim Flötenspiel. In Bachs Orgelmusik gibt es freilich wenige Legato-Bögen und noch weniger Staccato-Punkte; gerade für das Orgelspiel ist es demnach entscheidend, sich um einen guten Mittelweg zu bemühen!

50 Petri, *Anleitung*, S. 317f. Weitere Quellenauszüge zu Finger- und Fußsatz in Kooiman/Weinberger/Busch, S. 61f.
51 Dok VII, S. 24; Faksimile Forkel, S. 11f.
52 CPEBach, *Versuch*, S. 118.
53 Marpurg, *Anleitung zum Clavierspielen*, S. 28–29; Lohmann, *Artikulation*, besonders S. 181–188.

Wie schon angedeutet, vollzog sich um 1970 im Orgelspiel eine Wende: Das davor weitgehend gültige Legato, das aus dem 19. Jahrhundert überkommene »romantische Legato«, lockerte sich zu einer offeneren Artikulation. Meist wurde das vor dem Hintergrund der eben geschilderten historisierenden Kulisse gesehen. Die Dokumente der alten Musik belegen: der einzelne Ton solle eine gleichsam sprechende Deutlichkeit erhalten. Symptomatisch für diesen Paradigmenwechsel sind Untersuchungen wie diejenige von Ludger Lohmann[54] sowie eine Fülle von kleineren Studien in Zeitschriften. Innerhalb der globalen Alte-Musik-Bewegung war dies ein folgerichtiger Baustein, der dem Orgelspiel eine befreiende Wirkung einbrachte und mittlerweile fast uneingeschränkt akzeptiert wird. Sogar das Spielgefühl einer romantischen Melodie erhält dadurch eine neue Dimension: während davor das Legato als normal anzuwenden war, ist nun die gesangliche Gestaltung einer Kantilene ein besonderes Ereignis.

Natürlich hängt diese Wende zusammen mit der Rückkehr zur mechanischen Verbindung von Taste und Pfeifenventil im Orgelbau, wie sie sich ab etwa 1930 angebahnt und in den 1960er Jahren weitgehend etabliert hatte. Freilich bestehen große Unterschiede zwischen einer kleinen italienischen Orgel des 16. Jahrhunderts, deren Spielgefühl an ein Cembalo erinnert, und einer dreimanualigen Barock-Orgel des norddeutsch-niederländischen Typus, deren mechanische Anlage oft einen beträchtlichen Kraftaufwand von Seiten der Spielerinnen und Spieler erfordert. Doch hören wir erst, was über Bachs Spiel überliefert wird.

Beschreibungen von Bachs Anschlag

Die Dokumente zu Johann Sebastian Bachs Tastenspiel sollten immer wieder überdacht werden. Orgel und »Clavier« (Cembalo, Clavichord, bald auch Hammerklavier) haben selbstverständlich gemeinsame Aspekte, aber auch je ihre Eigengesetzlichkeiten. »Auch soll Seb. Bach mit einer so leichten und kleinen Bewegung der Finger gespielt haben, daß man sie kaum bemerken konnte. Nur die vordern Gelenke der Finger waren in Bewegung, die Hand behielt auch bey den schwersten Stellen ihre gerundete Form«.[55] Dieses Zitat stammt aus der ältesten Bach-Biographie, jener von Johann Nikolaus Forkel (1802), der über Bachs Söhne Nachrichten eingeholt hatte. Die Frage ist berechtigt, ob diese kleine Bewegung genügte, um eine große Orgelanlage mit mechanischer Traktur und entsprechendem Tastendruck in Griff zu bekommen. Dazu äußert sich auch Friedrich Konrad Griepenkerl, der für seine Meinung ebenfalls die Tradition über die Bach-Söhne und Forkel in Anspruch nimmt. Er spricht von der Schwäche des vierten und fünften Fingers und wie diese zu überwinden sei. »J. S. Bach fand dieses Mittel in der Benutzung des Gewichts der Hand und des Armes, das jeder

54 Lohmann, *Artikulation* (erste Auflage 1982).
55 Dok VII, S. 26; Faksimile Forkel, S. 13 .

mit Leichtigkeit und nach Willkühr entweder in gleicher Stärke unterhalten, oder vergrössern und vermindern kann«.[56] Es ist nicht zu übersehen: die Aussagen Forkels und Griepenkerls sind nicht völlig kongruent; durch den Einsatz des Armgewichts wird die Bewegung im Bereich des Unterarms und des Handgelenks zweifellos größer, als Forkel es wahrhaben will. Über Bachs Clavichord-Anschlag ist bei Forkel Folgendes zu lesen: »Nach der Seb. Bachischen Art, die Hand auf dem Clavier zu halten, werden die fünf Finger so gebogen, daß die Spitzen derselben in eine gerade Linie kommen, die sodann auf die in einer Fläche neben einander liegenden Tasten so passen, daß kein einziger Finger bey vorkommenden Fällen erst näher herbey gezogen [werden] muß, sondern daß jeder über dem Tasten, den er etwa nieder drücken soll, schon schwebt. Mit dieser Lage der Hand ist nun verbunden: 1) daß kein Finger auf seinen Tasten fallen, oder (wie es ebenfalls oft geschieht) geworfen, sondern nur mit einem gewissen Gefühl der innern Kraft und Herrschaft über die Bewegung getragen werden darf. 2) Die so auf den Tasten getragene Kraft, oder das Maaß des Drucks muß in gleicher Stärke unterhalten werden, und zwar so, daß der Finger nicht gerade aufwärts vom Tasten gehoben wird, sondern durch ein allmähliges Zurückziehen der Fingerspitzen nach der innern Fläche der Hand, auf dem vordern Theil des Tasten abgleitet. 3) Beym Uebergange von einem Tasten zum andern wird durch dieses Abgleiten das Maß von Kraft oder Druck, womit der erste Ton unterhalten worden ist, in der größten Geschwindigkeit auf den nächsten Finger geworfen, so daß nun die beyden Töne weder von einander gerissen werden, noch in einander klingen können. Der Anschlag derselben ist also, wie C. Ph. Emanuel sagt, weder zu lang noch zu kurz, sondern genau so wie er seyn muß«.[57] Die Notwendigkeit, den Druck auf die Taste konstant zu halten, ist vor allem für das Clavichord zentral. Doch gibt es für das »Zurückziehen der Fingerspitzen« ein älteres Zeugnis, das sich eher auf das Cembalo bezieht: »Man muß aber bey Ausführung der laufenden Noten, die Finger nicht so gleich wieder aufheben; sondern die Spitzen derselben vielmehr, auf dem vordersten Theil des Tasts hin, nach sich zurücke ziehen, bis sie vom Taste abgleiten«. So zu lesen in der Flötenschule von Johann Joachim Quantz, dessen Text aber teilweise von dem Bach-Schüler Agricola stammt.[58]

Offensichtlich sind wir hier an einem Punkt angelangt, an dem ein direktes Vorzeigen notwendig wäre, um wirklich verständlich zu machen, wie es gemacht wird. Da ich selber dieses Zurückziehen nicht anwende, habe ich Kollegen befragt. Bernhard Klapprott: »Diese Spielweise hilft [...] Töne zu verbinden, gewissermaßen einen Ton zum nächsten zu tragen und dabei die klangliche Intensität zu erhalten«. Hierdurch wird ein »substanzieller und somit tragfähiger Klang auf dem Clavichord erzielt, der grundlegend eine Kantabilität befördert«.[59] Jörg-Andreas Bötticher meint dagegen, beim Zurückziehen sei es prob-

56 Griepenkerl, Vorwort zur Ausgabe der Chromatischen Fantasie, Leipzig 1819, S. I. Erstmals auf diese Quelle hingewiesen hat Ewald Kooiman in der niederländischen Zeitschrift Het Orgel, 1983.

57 Dok VII, S. 25; Faksimile Forkel, S. 12–13; vgl. Faulkner, *Bachs Keyboard Technique*, S. 19.

58 Quantz, *Flötenschule*, S. 232; Dok III, Nr. 651 (dort, S. 21, auch der Nachweis über Agricolas Mitarbeit).

59 Klapprott, *sangbar und zusammenhängend spielen*, S. 55–56.

lematisch, dass der Druck auf die Taste etwas nachlasse und dadurch die Verbindung der Töne leide. – Ein anderes Thema ist die Prägnanz bei schnellen Noten. Christian Rieger schrieb mir, die »Katzenfinger« seien eine Hilfe, um dem Zielton nach dem Triller-Nachschlag die nötige Artikulation zu geben. CPEBach spricht in diesem Zusammenhang von »Schnellen«, Ernst Wilhelm Wolf von »Abglitschen«.[60] Sowohl Klapprott als auch Bötticher empfehlen das Zurückziehen der Finger für schnelle Passagen, um eine klare und brillante Trennung der Noten zu erreichen. Die drei Aussagen von gewieften Praktikern mögen darlegen, wie diffizil solche Details einzuordnen sind.

Natürlich liegt es nahe, diese Beschreibung mit Bachs Vorwort zu den Inventionen in Verbindung zu bringen: diese Stücke sollen – unter anderem – dazu dienen, »eine *cantable* Art im Spielen zu erlangen«.[61] *Cantabile* ist eine Anweisung, die von Bach schon früh verwendet wird, erstmals wohl in »Allein Gott in der Höh sei Ehr« BWV 663a (c. f. im Tenor, frühe Fassung um 1710), später etwa im Schlusssatz des 5. Brandenburgischen Konzerts BWV 1050 (T. 148). Eine umfangreiche Quellensammlung dazu, vor allem für den deutschen Bereich, hat Bernhard Klapprott publiziert; Claire Genewein stellt die Polarität *cantabile / suonabile* in italienischen Quellen ins Zentrum ihrer Untersuchungen.[62]
Diese Zitate lenken die Aufmerksamkeit auf die Absprache des Tones. Wesentlich scheint – um nun wieder auf die Orgel zu sprechen zu kommen –, dass das Pfeifenventil nicht abrupt geschlossen wird; dies gilt besonders für ganze Akkorde, wo eine Schockreaktion des Windes die Folge sein kann (→ S. 38).

»Spielen auf Klang« – Zum Geheimnis des Überlegato

Eine weitere Schicht von Hinweisen auf die Artikulation ist direkt aus dem Notentext ablesbar. Wenn wir davon ausgehen, dass ein Beinahe-Legato (das »ordentliche Fortgehen« Marpurgs) der normale Anschlag war, so erhalten wir für *stufenweise* Fortschreitungen ein brauchbares Rezept. Bei *Akkordbrechungen* dagegen ist das ordentliche Fortgehen nur eine von mehreren Möglichkeiten. Neben dem brillanten Spiel von gebrochenen Akkorden (man denke etwa an die Badinerie aus der h-moll-Ouverture für Flöte und Streicher BWV 1067) gibt es – besonders auf Tasteninstrumenten – das »Spielen auf Klang«, bei dem der harmonische Hintergrund durch Liegenlassen von passenden Tönen zum Klingen gebracht wird. Zur Notation dieses auch *style luthé* oder *style brisé* genannten Spielmodus gibt CPEBach zwei Musterbeispiele: Im Probestück As-dur ist die Länge jeder Stimme (das Liegenlassen einzelner Töne) durch angehängte Noten mit Haltebögen bezeichnet. Zum Gegenbeispiel sagt er: »Wenn Schleiffungen [Legato-Bögen] über gebrochene Harmonien vorkommen, so kan man zugleich mit der gantzen Harmonie liegen bleiben. In dem Probe-Stück aus

60 Klapprott, *sangbar und zusammenhängend spielen*, S. 59–61.
61 Abgedruckt in den meisten Ausgaben der Inventionen und Sinfonien BWV 772–801.
62 Klapprott, *sangbar und zusammenhängend spielen*; Genewein, *Vokales Instrumentalspiel*.

dem E dur kommt dieser Fall offt vor, man erhält hierdurch ausser der besonders guten Würckung eine leichtere und besser zu übersehende Schreibart«.[63] Diese Notation mit »Akkumulationsbogen« wird nur selten angewendet. Ein Beispiel aus Bachs Umgebung möge das Verfahren beleuchten. In Variation 18 aus Johann Adam Reinckens Aria »Schweiget mir vom Weiber nehmen« wählt Bachs Ohrdrufer Bruder Johann Christoph die kompliziertere Schreibweise, während eine dänische Handschrift die gleiche Absicht mit einem Akkumulationsbogen zur Kenntnis bringt.[64]

Beispiel 3: J. A. Reincken, Aria »Schweiget mir vom Weiber nehmen«

3a. Andreas-Bach-Buch

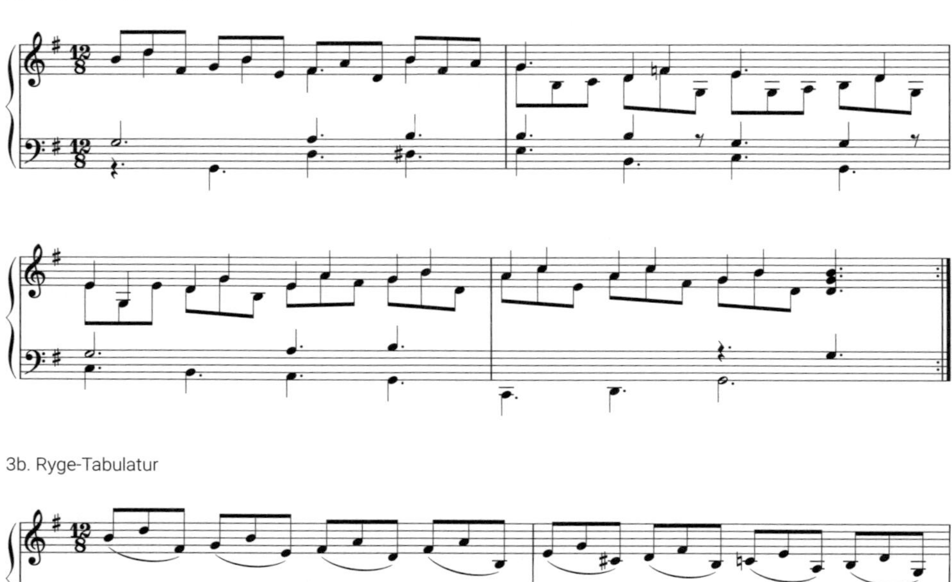

3b. Ryge-Tabulatur

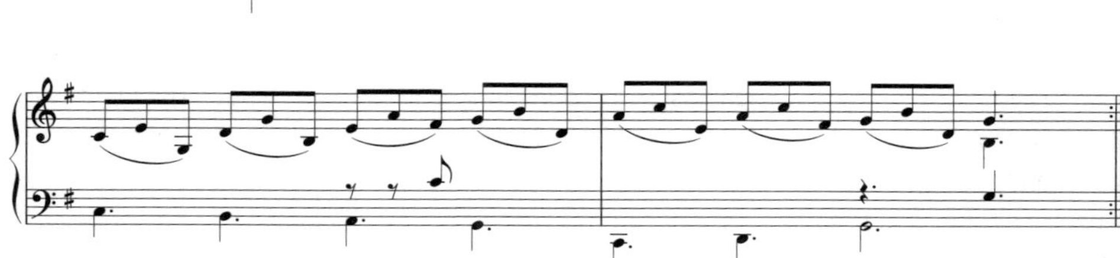

63 CPEBach, *Versuch*, S. 126; Ausgaben der Probestücke sind im Literatur-Verzeichnis nachgewiesen.

64 Es handelt sich um das Andreas-Bach-Buch (Ohrdruf, um 1707–1712, vermutlich der Ertrag von J. S. Bachs Norddeutschlandreisen) und um die Ryge-Tabulatur (Dänemark, um 1701–1710, Hauptquelle für Buxtehudes Suiten). Vgl. meinen Aufsatz »Une délicatesse de main«, in: Musicus perfectus, Studi in onore di Luigi Ferdinando Tagliavini, hrsg. von Pio Pellizzari, Bologna 1995, S. 115–135.

Erstaunlicherweise erscheint die Notation mit Bogen in zwei frühen Bach-Autographen: am Schluss des phantasieartigen »Wie schön leuchtet der Morgenstern« BWV 739 und in der Frühfassung des g-moll-Präludiums BWV 535a. Später neigt Bach offenbar zur komplizierteren Schreibweise. Zu Präludium und Fuge G-dur BWV 541 besitzen wir ein Autograph aus dem Anfang der 1730er Jahre, in dem viele Details der älteren Fassung revidiert wurden; unter anderem wird an einigen Stellen durch zusätzliche Achtel dieses Spielen auf Klang eingefordert.[65]

An weiteren Beispielen sollen diese Gestaltungsmöglichkeiten noch konkretisiert werden. Im Orgelpräludium a-moll BWV 543 erscheinen die gebrochenen Akkorde über dem Orgelpunkt jeweils zuerst mit einer Tenorstimme in Vierteln, dann ohne diese (T. 11). Natürlich kann man nicht ganz ausschließen, dass Bach gleichsam ein Cello-Solo beabsichtigt hat. Das Wissen um das Phänomen Überlegato lässt uns aber Versuche unternehmen, weitere zum jeweiligen Akkord passende Töne länger auszuhalten. Es entsteht dadurch ein vollerer Klang und der jeweils nachfolgende Takt wirkt echoartig. In der großen e-moll-Fuge BWV 548/2 findet sich eine eigenartige Andeutung eines Überlegato (T. 60f.):

Beispiel 4: J. S. Bach, Fuga in e BWV 548/2, T. 59–62

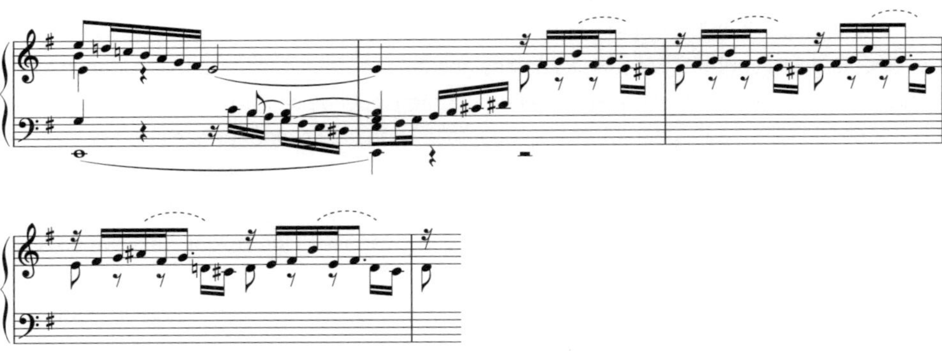

Auch hier scheint mir Bachs Absicht besser getroffen, wenn wir im Sechzehntelfluss auch dem durch einen gestrichelten Bogen bezeichneten Ton eine leichte Verlängerung geben und damit einen volleren Klang erhalten.

65 Dieser und einige weitere Fälle sind dargestellt in NA, Bd. 4, S. 9. Zu den Quellen und Lesarten der frühen Fassung vgl. Bd. 2, S. 128f. Das wohl bekannteste Beispiel ist das C-dur-Präludium BWV 846 im Wohltemperierten Klavier I, zu dem zwei frühere, weniger genaue Notationsformen überliefert sind. Und auch bei der allbekannten Fassung ist es zweifellos im Sinne Bachs, alle Töne des jeweiligen Akkordes in den Klang einzubinden.

Was bedeutet dies für unser Spiel? Durch eine »offene« Artikulation erreichen wir Deutlichkeit im kontrapunktischen Satz. Andererseits wird von den Komponisten oft ein Klanggewinn angedeutet. Eine große Vielfalt vom luftigen Staccato bis zum kräftigen Zugriff verleiht dem Orgelspiel Lebendigkeit.

Weitere Anregungen zum Thema Artikulation erhalten wir durch die Textierung von Themen (→ S. 43).

Die Absprache der Pfeifen

Bisher haben wir im Wesentlichen das *Anschlagen* der Tasten diskutiert; doch beim Orgelspiel ebenso wichtig ist das *Ende* eines Tons. Anders als bei den besaiteten Tasteninstrumenten klingt ja der Orgelton in unverminderter Stärke weiter bis zu dem Moment, in dem die Taste losgelassen wird; somit ist die Kontrolle der Tondauer eine absolute Notwendigkeit. Bei der Beschreibung von Bachs Anschlag wurde auf das Zurückziehen der Fingerspitzen hingewiesen (→ S. 34); dies macht uns bewusst, dass dem Rückweg einer Orgeltaste in ihre Ausgangsposition besondere Aufmerksamkeit zu schenken ist.

Bei einer Orgel mit subtiler Mechanik kann es geschehen, dass das abrupte Loslassen eines ganzen Akkordes einen unschönen Effekt ergibt. Möglicherweise öffnen sich die Pfeifenventile nochmals für einen kurzen Moment; jedenfalls kann ein »schnappendes« Klangbild entstehen, das dem Kläffen eines Hundes nicht unähnlich ist. Ich erinnere mich, dass Jacques van Oortmerssen dies in einem Seminar an der kleinen Orgel der Nieuwe Kerk in Haarlem/NL mit heftigen Bewegungen demonstriert hat – es war allen Hörern klar, dass wir so nicht spielen möchten![66]

Der Finger kann die Taste bei ihrem Hochkommen, bei der Rückkehr in die Ausgangslage gleichsam begleiten; damit wird sichergestellt, dass sich das Pfeifenventil nicht abrupt schließt. Bei Akkorden mag man die Vorstellung pflegen, beim Zurückziehen der Finger ein »Arpeggio« anzuwenden, um das gleichzeitige Schließen vieler Ventile zu verhindern. An vier Beispielen möchte ich das im Detail zeigen.

Dem Ricercar von Sperindio Bertoldo (gedruckt 1591) liegt das gleiche Thema wie Bachs Es-dur-Fuge BWV 552/2 zugrunde.[67]

66 Vgl. dazu Jacques van Oortmerssen, *Organ Technique*, Göteborg Organ Art Center, Göteborg/Schweden 2002.
67 Sperindio Bertoldo, Opere per tastiera, hrsg. von Luigi Collarile, Andromeda Editrice, Colledara 2005.

Beispiel 5a: S. Bertoldo, Ricercar del sesto tono, T. 18

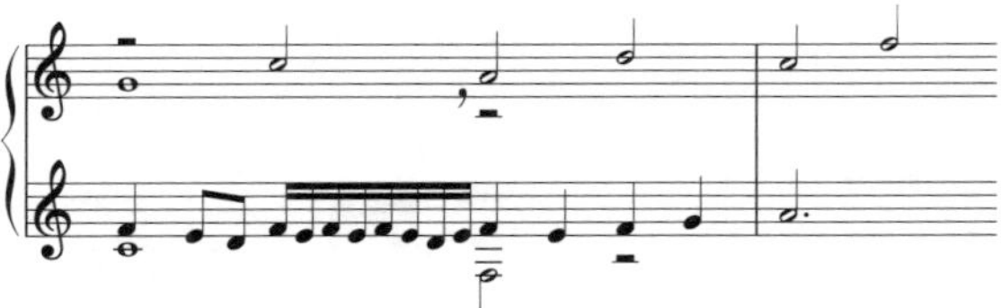

Hier ist die Oberstimme thematisch, der Spielfinger möge dies empfinden; das *g^1* im Alt – die Schlussnote einer Phrase – sollte als »Diminuendo« etwas verkürzt und sanft losgelassen werden.

Beispiel 5b: J. S. Bach, »Jesus Christus, unser Heiland« BWV 665, T. 37f.

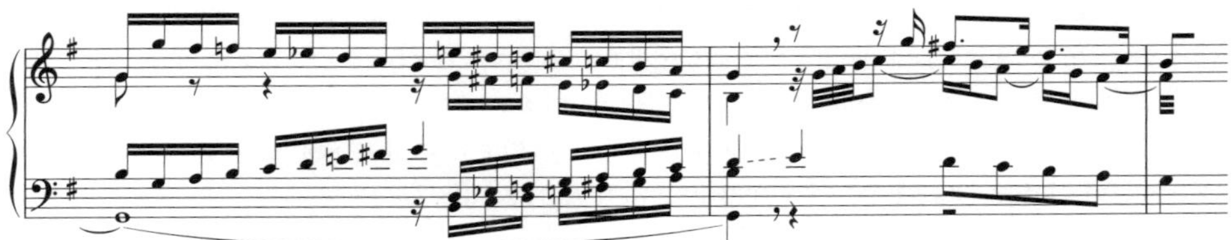

Hier sollte das *d^1* in Takt 38 als Beginn der 4. Choralzeile deutlich hörbar werden, die übrigen Töne des G-dur-Akkords werden demgemäß etwas früher aufgehoben. Vorsicht bei der Absprache!

Beispiel 5c: J. S. Bach, Passacaglia in c BWV 582, T. 168, Ausgabe Gauntlett

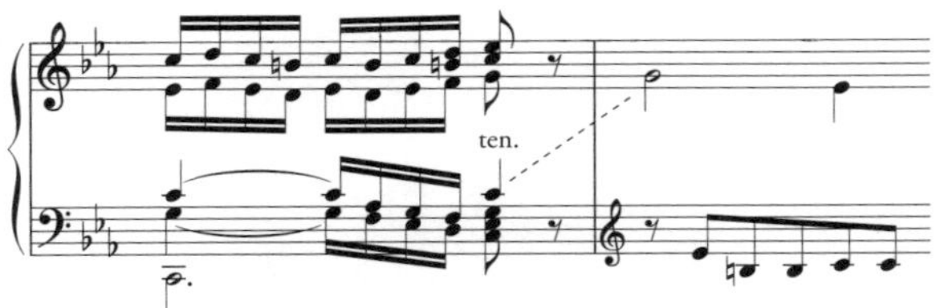

Dieses Beispiel stammt aus Henry John Gauntletts Interpretations-Ausgabe von 1838 (→ S. 94); Gauntlett hat ins Notenbild gebracht, was an dieser Stelle zu tun ist. Mit der Zeit sollte unsere Bewegung so subtil werden, dass bei wichtigen Tönen im Finger (oder vielleicht im Handrücken) die Empfindung *thematisch* lebendig ist. Andererseits kann bei Tönen, auf welche eine Pause folgt, das Spielgefühl *diminuendo* durch einen geringeren Druck (durch Zurückziehen des Fingers?) zum Klingen kommen.

Beispiel 5d: J. S. Bach, »Christ lag in Todesbanden« BWV 625, T. 1ff.

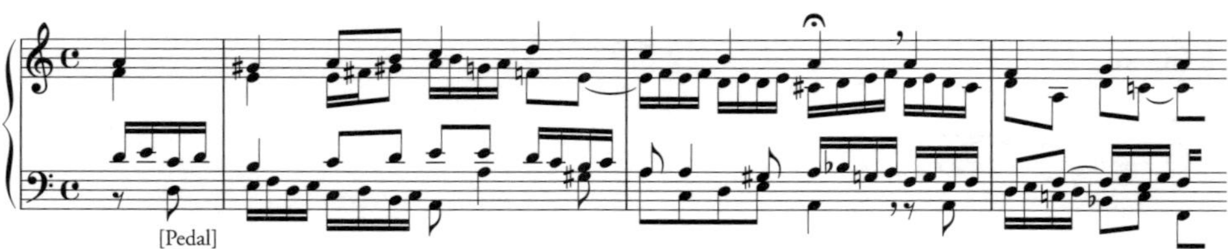

Bei Choralbearbeitungen ist der Liedtext mit zu berücksichtigen: im Beispiel 5d ist am Ende der 1. Choralzeile ein Atemzeichen eingetragen (der Melodieton *a*[1] repräsentiert zudem eine leichte Silbe). Gleichzeitig geht im Pedal mit dem Kadenzschritt eine Phrase zu Ende; es ist empfehlenswert, auch hier, koordiniert mit der Melodie, zu atmen.

All diese Überlegungen gehen von einer Orgel aus, wie sie in Bachs Umgebung vorhanden war; wie seine Musik auf einer großen Orgel modernen Zuschnitts zu realisieren wäre, diese Frage bleibt hier ausgeklammert. Max Regers Bach-Verehrung wäre mit der deutschen Orgel um 1900 in Verbindung zu bringen, das französische Bach-Spiel von Charles-Marie Widor und Marcel Dupré mit den Instrumenten von Aristide Cavaillé-Coll.

BEWEGUNG UND RHYTHMUS

Rhythmus – Akzent – Takt

Die Rhythmustheorien von etwa 1670 bis weit ins 19. Jahrhundert hinein gehen von der Polarität schwer – leicht aus, meist in Anlehnung an die Betonungen der (deutschen) Sprache. Der Philosoph Friedrich Nietzsche fasst dieses Phänomen ins Bild des Tanzes, auch er spricht von einem »zierlichen oder feierlichen oder feurigen Hin und Wieder« der Bewegung. Er setzt dies in Gegensatz zur Musikübung des späten 19. Jahrhunderts – Stichwort Richard Wagner –, die dem großen Bogen, der »unendlichen Melodie«, den Vorzug gibt. Auch dafür prägt Nietzsche ein eindrückliches Bild: Man kann sich das »dadurch klarmachen, daß man ins Meer geht, allmählich den sicheren Schritt auf dem Grunde verliert und sich endlich dem wogenden Elemente auf Gnade und Ungnade übergibt: man soll *schwimmen*«.[68]

Für das ganze 18. Jahrhundert sollten wir uns diese Vorstellung einer Schwer-leicht-Polarität zu eigen machen. Zwar gibt jeder Theoretiker dieser Akzentlehre wieder eine etwas andere Farbe; doch als Grundregel gilt, dass nach einer betonten Note allemal eine unbetonte folgt.[69] Die Analogie zur Sprache wird von vielen Autoren herangezogen; erst gegen 1900 wendet sich Hugo Riemann gegen diese Tradition. Ein besonders anschauliches Beispiel findet sich in Johann Georg Sulzers »Allgemeiner Theorie der schönen Künste«[70]:

Beispiel 6

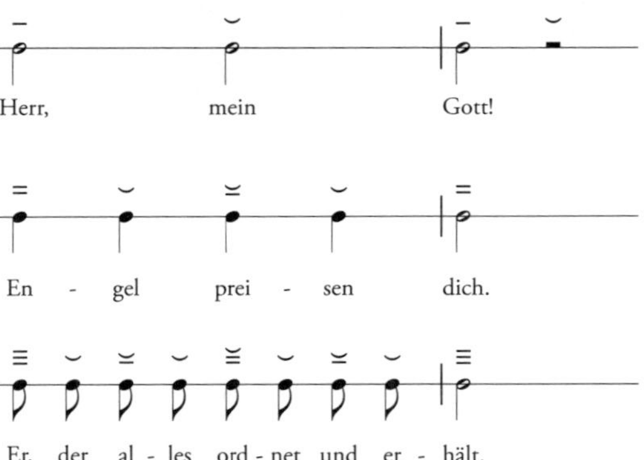

Durch die Worte ergeben sich in der deutschen Sprache verschiedene Akzentstufen. Auch Johann Gottfried Walther, Bachs Kollege in Weimar, erläutert die *quantitas intrinseca nota-*

68 Nietzsche, *Menschliches, Allzumenschliches*, Bd. 2, S. 65–66.

69 Seidel, *Rhythmustheorien*, S. 66, nach Mattheson, Scheibe und weiteren Autoren.

70 Sulzer, *Allgemeine Theorie der schönen Künste*, Bd. 4, S. 498 (Artikel »Tact«).

rum an einem textierten Beispiel.[71] Auf die Analogie zur Sprache wird zurückzukommen sein. Bleiben wir aber noch bei der schematischen Akzentsetzung, wie sie auch der Bach-Schüler Johann Philipp Kirnberger propagiert.[72] Man kann das Muster von Sulzer/Kirnberger etwa auf eine Allemande anwenden:

Beispiel 7: J. S. Bach, Französische Suite G-dur BWV 816, Allemande, T. 1f.

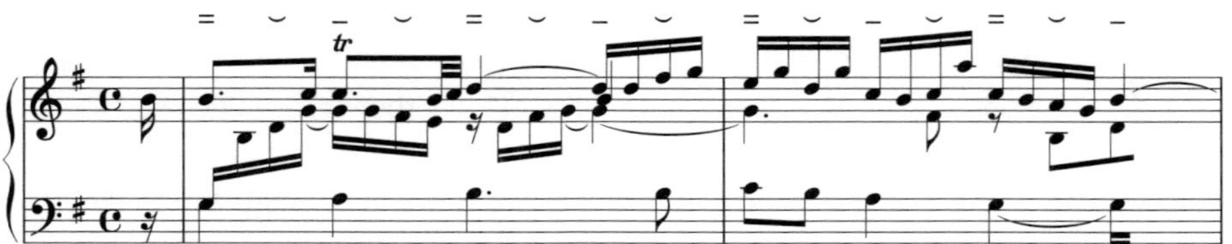

Auch wer dies allzu schematisch findet, möge sich an diesem Beispiel klarmachen, wie stark die innere Vorstellung beim Spielen auf das klangliche Resultat einwirkt. Es geht ja nicht darum, durch Artikulation oder durch bewusste Dehnung ein Schema in Klang umzusetzen. Der Musik ein Gefühl des *Schreitens* oder *Tanzens* zu verleihen, ist vielmehr eine Sache der inneren Vorstellung. Gerade weil wir auf der Orgel eine *direkte* Dynamik (wie auf dem Klavier, dem Clavichord und den meisten Instrumenten) nicht zur Verfügung haben, ist es wichtig, dieses Akzentgefühl zu schulen.

Noch in Beethovens Handexemplar der Etüden von Johann Baptist Cramer finden sich Angaben über regelmäßige Akzentuierung, beispielsweise auf jeder ersten von vier Sechzehnteln (Nr. 1). Bei einer Achtelbewegung, teils mit großen Sprüngen durchsetzt (Nr. 4), findet sich die Bemerkung: »die 1te Note lang (–), die 2te kurz (◡), die 3te wieder lang, die 4te wieder kurz. Gleiches Verfahren wie im Scandiren des trochäischen Versmaßes. [...] Erst später beschleunige man die Bewegung, wobei dann die scharfen Ecken leicht wegfallen«.[73]

Übungen zur Akzentuierung sind eine Basis zur Wiedergabe älterer Musik. Wie weit die »scharfen Ecken« später wegfallen, mag bei jeder Spielerin, jedem Spieler wieder in individueller Weise zum Ausdruck kommen.

Nicht von ungefähr bezieht sich Kirnberger immer wieder auf Tanzbewegungen, um rhythmische Fragen anschaulich zu machen (man erinnere sich an die oben zitierte Äußerung

71 Walther, *Praecepta*, S. 23. Mattheson verwendet den Begriff thesis, den er mit accent gleichsetzt (CRITICA MUSICA, Hamburg 1722, Erstes Stück, S. 33, Reprint Amsterdam 1964). Ausführliche Darlegung bei Wolfgang Horn, *Johann David Heinichen und die Musikalische Zeit – Die »quantitas intrinseca« und der Begriff des Akzenttaktes*, Musiktheorie, 7. Jg. (1992), S. 195–218.

72 Kirnberger, *Kunst des reinen Satzes*, Zweiter Teil, Erste Abteilung, S. 124.

73 J. B. Cramer, 21 Etüden für Klavier, nach dem Handexemplar Ludwig van Beethovens, hrsg. von Hans Kann, UE, Wien 1974, S. 2 und S. 8. Die antiken Versfüsse sind ein weiterer Zugang zur Frage der Akzentsetzung.

von Nietzsche): »Ferner muß er [der angehende Komponist] sich ein richtiges Gefühl von der natürlichen Bewegung jeder Taktart erworben haben, oder von dem was *Tempo giusto* ist. Hiezu gelangt er durch eine fleißige Uebung in den Tanzstücken aller Art«.[74] Wer Gelegenheit hat, sich mit Renaissance- und Barocktänzen vertraut zu machen, sollte das unbedingt tun. Auch wenn die Allemande in der Bach-Zeit als Tanz nicht aktuell war, so macht der einfache Tanzschritt das oben gegebene Betonungsmuster auf natürliche Weise lebendig. Beispielsweise wird die schwache Betonung, die die zweite Taktachtel bekommen soll, durch eine »wischende« Bewegung des Beins ausgedrückt, die Viertel dagegen durch Aufsetzen des Fußes.

Zu noch differenzierteren Vorstellungen von *schwer* und *leicht* verhilft uns die Vokalmusik. Wie erwähnt, wird an der Wortbetonung schon im 17. Jahrhundert die Bedeutung von »äußerlicher« und »innerlicher« Länge der Noten exemplifiziert: J. G. Walther übernimmt diese Theorie von dem etwas älteren Wolfgang Caspar Printz (1641–1717), wenn er formuliert: »*Quantitas Intrinseca Notarum* (welche auch *Quantitas accentualis* genennet wird) ist diejenige Länge, wenn etliche dem *valore* nach sonst gleich geltende Noten, gantz ungleich *tractir*et werden, also, daß eine gegen die andere ihres gleichen, bald lang, bald kurtz ist. [...] Und dieses rühret von der verborgenen Kraft der Zahlen her. [...] Diese Lehre von der *Accent*-Länge, hat so wohl *vocaliter* als *instrumentaliter* ihren sonderbahren Nutzen; denn hieraus entspringet die *manirl*iche *moderation* der Stimme, oder Finger, daß man neml. eine solche Note, die der Zahl nach, lang ist, starck anschläget; hingegen eine solche Note, die der Zahl nach kurtz ist, auch etwas kürtzer und leiser *exprimir*et«.[75]

Wenn wir den Text des Eingangschores zur Kantate »Ich hatte viel Bekümmernis» BWV 21 dem Fugenthema in G-dur BWV 541/2 unterlegen, so stellt sich ein weitgespannter melodischer Duktus ein, dessen stärkster Akzent auf Be<u>küm</u>mernis auch dem Fugenthema angemessen ist. Andererseits wird aus diesem Versuch deutlich, dass wir auf der Orgel keine Möglichkeit haben, das sozusagen auftaktige Hinführen der Silbe *Be* zum Schwerpunkt *küm [mernis]* adäquat darzustellen. Instrumentalthemen mit einem Text zu versehen, war auch im 18. Jahrhundert üblich; beispielsweise ist zum Violinkonzert D-dur (D.17) von Giuseppe Tartini (1692–1770) folgender Text überliefert:[76]

Beispiel 8

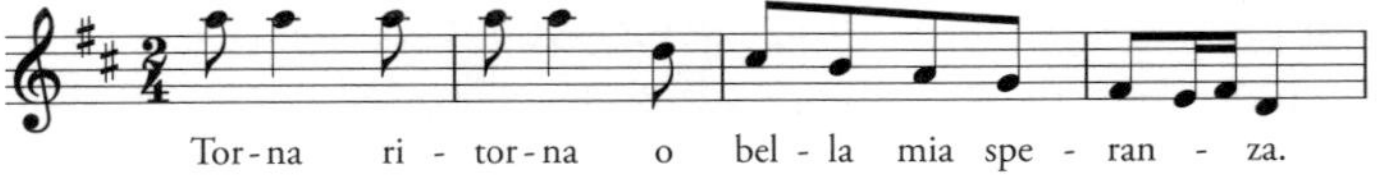

74 Kirnberger, *Kunst des reinen Satzes*, Zweiter Teil, Erste Abteilung, S. 106.

75 Walther, *Praecepta*, S. 22–24. Aus den Formulierungen wird deutlich, dass von Artikulation und Dynamik die Rede ist, nicht aber von einer inegalité im französischen Sinn.

76 Zitiert nach Genewein, *Vokales Instrumentalspiel*, S.174f.

Tartinis Schüler Benvenuto Robbio Conte di San Raffaele gibt zu Protokoll, das Singen von Themen und Übungen mit Texten könne tausend Unterrichtsstunden ersetzen. Natürlich ist eine Übereinstimmung der Affekte anzustreben, wie überhaupt Robbio – ähnlich wie Quantz und CPEBach – die *innere Bewegung* des Zuhörers als höchstes Ziel des Musizierens bezeichnen. Die Flötistin Claire Genewein, der ich diese Anregung verdanke, berichtet über ähnlich positive Erfahrungen im heutigen Instrumental-Unterricht, wobei durchaus auch ein humoristischer Einschlag Platz finden kann.[77] Wenn Alfred Dürr zur cis-moll-Fuge im Wohltemperierten Klavier I den Text »Ich hab so Zahnweh»[78] vorschlägt, so ist die affektive Übereinstimmung nicht von der Hand zu weisen.
Im 1. Satz der Orgelsonate c-moll BWV 526 (NA, Band 5, S. 39) scheint Bach sich selbst zitiert zu haben: das aufstrebende Motiv (T. 39) mitsamt dem folgenden Abstieg in die tiefe Lage (T. 41) wird im Eingangschor zur Johannes-Passion »Herr, unser Herrscher» zum Text »[daß du, der wahre Gottessohn,] zu aller Zeit, auch in der größten Niedrigkeit [verherrlicht worden bist]» gesungen. Wenn ich diesen Text beim Spiel der Sonate präsent habe, erhält das Dreiklangsmotiv (»zu aller Zeit») eine andere Dimension: durch den Text wird eine stärkere melodische Verbindung der Töne suggeriert. Der piano-Effekt der »Niedrigkeit» (T. 67) ist freilich auf der Orgel nicht realisierbar, stellt sich aber ein Stück weit von selber ein, jedenfalls, wenn die Registrierung nicht über Oktav 4' hinausgeht. Dies ein Beispiel, wie eine Textverknüpfung die ganze Interpretation eines Werks beeinflussen kann.

Die Taktarten und ihre »Bewegung«

Im Sinne Johann Philipp Kirnbergers umfasst »Bewegung« viele Aspekte der rhythmischen Gestaltung; er weist darauf hin, dass dieses Wort die »Gemütsbewegung« (Affekte, Leidenschaften) mit einschließe.[79] Öfters hat Johann Sebastian Bach das rhythmische Erscheinungsbild eines Werks verändert, beispielsweise den Orgelchoral »Nun komm der Heiden Heiland« (c. f. im Pedal) BWV 661a aus dem 4/4-Takt (𝄴) mit Sechzehnteln in die Allabreve-Notation (2/2, 𝄵) mit Achteln als schnellstem Wert umgeschrieben (BWV 661).[80] Noch in den beiden Fassungen der *Kunst der Fuge* BWV 1080 werden solche rhythmischen Umschriften vorgenommen; offenbar wollte Bach den Ausführenden durch die größeren Notenwerte den »schweren Vortrag« suggerieren.
Die Begriffe »schwerer Vortrag« und »leichter Vortrag« werden von mehreren Autoren verwendet. Als ein den meisten Musikern direkt verständliches Beispiel zieht Johann Philipp

77 Genewein, *Vokales Instrumentalspiel*, S. 66.
78 Zeitschrift Musik und Kirche 1983, S. 166.
79 Kirnberger, *Kunst des reinen Satzes*, Zweiter Teil, Erste Abteilung, S. 106. Kirnberger schreibt »Gemüthebewegung«.
80 Eine Übersicht über Bachs Umschriften von 𝄴 zu 𝄵 gibt Pieter Dirksen, *Studien zur Kunst der Fuge*, S. 103–107.

Kirnberger die F-dur-Fuge BWV 880 aus dem Wohltemperierten Klavier II heran: »J. S. Bach und Couperin haben nicht ohne Ursache einige ihrer Stücke in den 6/16 Tackt gesetzt. Wem ist die Bachische Fuge unbekannt?

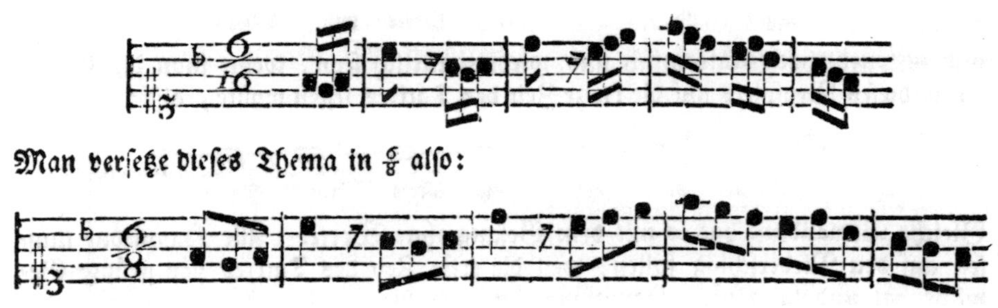

sogleich ist die Bewegung nicht mehr dieselbe, der Gang ist weit schwerfälliger, die Töne, zumal die durchgehenden, erhalten ein zu schweres Gewicht, kurz, der Ausdruck des ganzen Stücks leidet, und ist gar nicht mehr der, den Bach darin gelegt hat«.[81] Offensichtlich legt das »bewegtere« Notenbild auch dem heutigen Spieler nahe, das Stück locker, beschwingt wiederzugeben.

Dieser »leichte Vortrag« ist insbesondere für den 2/4-Takt von Belang, eine Taktart, die sich erst in der Bach-Zeit allmählich eingebürgert hat (noch im Wohltemperierten Klavier I fehlt sie). Bach wird den 2/4-Takt über die Konzerte von Vivaldi kennengelernt haben: im ersten Satz des Konzerts G-dur BWV 973 (bei Vivaldi op. 7/8 mit der Angabe *Allegro assai*) scheint ein pointiert akzentuierender Vortrag, zumindest beim Hauptthema, einleuchtend.[82] Prinz Johann Ernst von Sachsen-Weimar, Schüler J. G. Walthers, folgt der italienischen Mode und schreibt mehrere Konzertsätze im 2/4-Takt: auch beim beliebten G-dur-Konzert BWV 592 scheint ein leichter Vortrag angemessen. In Bachs Orgelwerken ist der 2/4-Takt selten, insbesondere fehlt er in den Pedaliter-Präludien und -Fugen; anders indes in den Triosonaten mit ihrem konzertanten Duktus und in einigen Choralbearbeitungen:

Orgelsonate d-moll BWV 527, 1. Satz
Orgelsonate C-dur BWV 529, 3. Satz
Orgelsonate G-dur BWV 530, 1. Satz
»Wir glauben all an einen Gott« BWV 680
»Aus tiefer Not schrei ich zu dir« (manualiter) BWV 687

81 Kirnberger, *Kunst des reinen Satzes*, Zweiter Teil, Erste Abteilung, S. 119.
82 Eine Gavotta in Arcangelo Corellis Violinsonaten op. 5 (publiziert 1700) ist ein sehr frühes Beispiel (Paulsmeier, *Notationskunde*, S. 211).

Analog zum obigen Beispiel der F-dur-Fuge BWV 880 charakterisiert Kirnberger den 2/4-Takt in Opposition zum Allabreve-Takt: letzterer müsse »weit ernsthafter und nachdrücklicher« vorgetragen werden als der 2/4-Takt, der »beynahe ins Tändelnde fällt«.[83] Für einen kräftigen Affekt wie den Schlusssatz der Orgelsonate C-dur BWV 529 will freilich der Ausdruck »tändelnd« kaum passen; das ändert sich mit der Entwicklung zur Wiener Klassik. Mozart bezeichnet das Schluss-Rondeau der Sonate C-dur KV 309 (284b) mit *Allegretto grazioso*. Nicht ohne weiteres verständlich ist für mich die 2/4-Notation beim nachdenklichen »Aus tiefer Not« BWV 687.

Wie ist der Charakter der häufigsten Taktart **C** in Worte zu fassen? Die lange Tradition dieses »Tempo ordinario«, in dem noch bei Frescobaldi und Froberger die Taktstriche gelegentlich in unregelmäßigen Abständen gesetzt werden, legt uns nahe, an einen großen Atem, an einen weiten Horizont der Zeitgestaltung zu denken. Es ist ein Tempo der »Mitte«, das – mit den Worten von Karin Paulsmeier – sozusagen weder als »schnell« noch als »langsam« empfunden werden sollte.[84] Am anschaulichsten lässt sich das Gemeinte einfangen durch Vergleich mit der Vokalmusik; man möge nochmals das Thema »Ich hatte viel Bekümmernis« BWV 21 auf sich wirken lassen.

Beim Choral-Trio »Nun komm der Heiden Heiland« BWV 660a hat Bach eigenhändig das Taktzeichen **¢** vorgeschrieben; es ist dies die erste Werkfassung, in der mittleren Weimarer Zeit entstanden.[85] Als er etwa 25 Jahre später dasselbe Stück in die Leipziger Handschrift *P 271* eintrug, wählte er das üblichere Zeichen **C**. Dasselbe Phänomen treffen wir beim 3. Brandenburgischen Konzert BWV 1048: in der Widmungspartitur für den Markgrafen von Brandenburg (1721) steht im ersten Satz das **¢**; als Bach im Jahr 1729 diesen Satz in der Kantate »Ich liebe den Höchsten von ganzem Gemüte« BWV 174 als Eingangssinfonia wiederverwendete, kehrte er ebenfalls zum Zeichen **C** zurück. Was wollte Bach mit dem Zeichen **¢** zum Ausdruck bringen? Zweifellos bedeutet das sogenannte Allabreve-Zeichen zunächst ein etwas fließenderes Tempo; wir können aber die Sache noch genauer fassen. Wenn im obigen Allemande-Beispiel den Achteln je ein leichter »Nachdruck«[86] zu verleihen ist, so dürfte das Allabreve-Zeichen eine großflächigere Betonungsordnung einfordern, etwa in folgender Weise:

83 Kirnberger, *Kunst des reinen Satzes*, Zweiter Teil, Erste Abteilung, S. 118f.

84 Paulsmeier, *Notationskunde*, S. 29.

85 Faksimile-Abb. in NA, Band 8, S. 107.

86 Diesen Begriff verwendet Daniel Gottlob Türk (*Klavierschule*, Reprint Kassel etc. 1962, S. 335f.), um die Taktbewegung verständlich zu machen.

Beispiel 9: J. S. Bach, »Nun komm der Heiden Heiland« BWV 660a, T. 7ff.

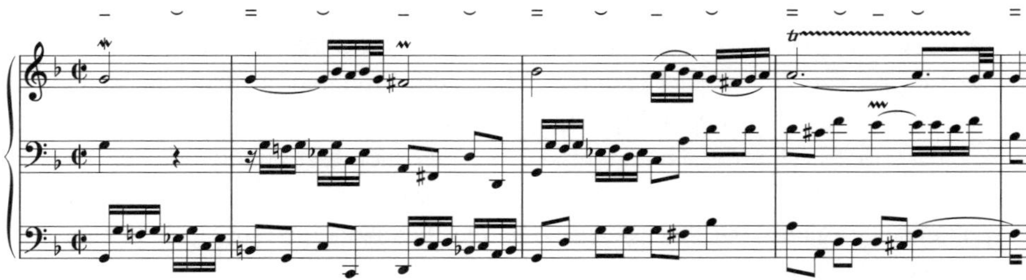

In den sechs Orgelsonaten BWV 525–530 gibt es sowohl Sätze im 2/4-Takt (→ S. 45) als auch die Sechzehntel-Bewegung unter dem Zeichen ¢:

Orgelsonate Es-dur BWV 525, 1. Satz
Orgelsonate c-moll BWV 526, 1. Satz
Orgelsonate G-dur BWV 530, 3. Satz

Offenbar verfolgte Bach je eine andere Absicht: bei ¢ ein großflächiges Strömen, beim 2/4 eine graziöse Akzentuierung.

> Nach Kirnberger ist die Bewegung (Tempo) eines Musikstücks aus drei Parametern abzulesen: 1) dem Taktzeichen, 2) dem schnellsten Notenwert des Stücks, und erst 3) aus einer allenfalls vorhandenen verbalen Angabe (Allegro, Adagio etc.)[87]

Mit diesen Bemerkungen möchte ich theoretische Gedankengänge und Spielpraxis am Instrument verknüpfen. Der »philosophische« Zugang, die Rhythmustheorien von 1600 bis heute, stehen auf einem anderen Blatt. Wer sich ein Bild von ihrer Komplexität verschaffen möchte, schlage das Buch »Über Rhythmustheorien der Neuzeit« von Wilhelm Seidel auf.

Ein kurzer Blick auf die Taktarten mit drei Zählzeiten. Natürlich ist dabei die Regel, dass nach einer betonten Note allemal eine unbetonte folgt (→ S. 41) nicht unbesehen anzuwenden. Zweite und dritte Zählzeit eines 3/4- oder 3/2-Takts können schwer oder leicht gegeben werden, wozu Sulzer wieder Textbeispiele heranzieht.[88] Besonders klar ist die Betonung der zweiten Zählzeit bei vielen Sarabanden, unverkennbar etwa in der Englischen Suite F-dur

87 Kirnberger, *Kunst des reinen Satzes*, Zweiter Teil, Erste Abteilung, S. 107.
88 Sulzer, *Allgemeine Theorie der schönen Künste*, Bd. 4, S. 499.

BWV 809. Auch in der Orgelmusik ist hie und da eine Sarabanden-Bewegung offensichtlich: in der vorletzten Variation der Partita »Sei gegrüßet, Jesu gütig« BWV 768 setzt das Pedal mit einem einzelnen Ton *g* ein, sodass ein Akzent beim vollstimmigen Akkord auf Zählzeit 2 unvermeidlich ist. Zudem ist das von der Terz zum Grundton absteigende Motiv (T. 2, Sopran) ein häufiges Sarabanden-Muster (vgl. Englische Suite g-moll BWV 808, Sarabande, T. 4). Dieses Motiv ist in der Pedalstimme dieser Variation fast ununterbrochen (auch in Umkehrung) präsent. Entschließe ich mich zu einer kräftigen Pedalregistrierung, so entsteht ein pathetischer Schritt, der beispielsweise an die Sarabande-Bewegung im Schlusschor der Matthäus-Passion gemahnt.

Die Probe aufs Exempel, die vorstehenden Überlegungen zusammenfassend: Die Fuge in Es-dur BWV 552/2 wird in Organistenkreisen oft »Trinitäts-Fuge« genannt. Tatsächlich sind drei Teile deutlich voneinander abgehoben, markiert durch Taktwechsel (das Taktzeichen ersetzt gleichsam den Taktstrich) und wechselnde Motivik und Notenwerte, freilich durch *ein* Hauptthema zusammengehalten. Auffallend ist zunächst, dass die Längen des ersten und des dritten Fugenteils übereinstimmen (je 36 Takte). Nicht nur das, die beiden wichtigen Kadenzen in B-dur (T. 20/21) und in f-moll (T. 97/98) teilen die beiden Abschnitte in einem gleichsam symmetrischen Verhältnis: 20 + 16 Takte // 16 + 20 Takte. Wenn Bach sich so genau äussert, scheint mir der Schluss fast unausweichlich: er wollte die beiden Teile auch im klanglichen Resultat gleich abgemessen dargestellt wissen (beim ersten Fugenteil bitte jede Hektik vergessen!). Schwieriger ist aber die Frage nach dem Tempo des mittleren Fugenteils, der sich einer seltenen Notationsweise bedient: Der 6/4-Takt hat keine schnelleren Noten als die Achtel. Halten wir Umschau nach einem ähnlichen Notenbild, so bemerken wir bald, wie ungewöhnlich diese Wahl ist, denn es sind nur wenige Parallelbeispiele zu finden. Am nächsten kommt dem die Sinfonia der Kantate »Gleichwie der Regen und Schnee vom Himmel fällt« BWV 18; hier würde kaum jemand ein schnelles Tempo wählen. Nach den obigen Ausführungen scheint es kaum zweifelhaft, dass Bach eine allmähliche Entfaltung der Fuge beabsichtigt hat. Er wählte eben nicht das vertraute Notenbild des 6/8-Takts mit Sechzehnteln, wie etwa in der a-moll-Fuge BWV 543. So bietet es sich an, den im ersten Fugenteil herrschenden Puls der Viertelnote beizubehalten; er ist nun durch Achtel unterteilt, wodurch sich eine Belebung auf natürliche Weise einstellt (ein starkes Ritardando zu Ende des ersten Fugenteils erübrigt sich). Beim folgenden Taktwechsel ermöglicht die Hemiole, die den 6/4-Teil abschliesst (T. 81), einen leicht realisierbaren Anschluss zum 12/8-Teil: zwei Vierteln des Mittelteils entsprechen nun drei Achtel (bzw. sechs Sechzehntel), so dass der gigueartige Schlussteil gegenüber der 6/4-Bewegung wieder eine Steigerung darstellt. Wenn ich das geschilderte »In-Fluss-Bleiben« einhalte, so dauert der Mittelteil ähnlich lang wie der erste bzw. dritte Fugenteil; die »Dreiheit« ist vollkommen in Klang umgesetzt.

Einige spezielle Fragen zum Thema Rhythmus

Wenden wir uns noch einigen Details der Notentexte zu. Eine kurze Note nach einer (längeren) punktierten ist in ihrem Wert nicht genau definiert; dazu hat Bach einen deutlichen Hinweis im Original-Druck der Cembalo-Partiten (Klavier-Übung I, 1726–1731) geliefert. Zwei Notenköpfe (eine 32tel und eine Sechzehntel) wurden im gedruckten Notenbild genau vertikal untereinander angeordnet:

Beispiel 10a: J. S. Bach, Partita a-moll BWV 827, Allemande
Klavier-Übung I, Originaldruck (1731), S. 25
Leipziger Städtische Bibliotheken – Musikbibliothek, Sammlung Becker III.6.13

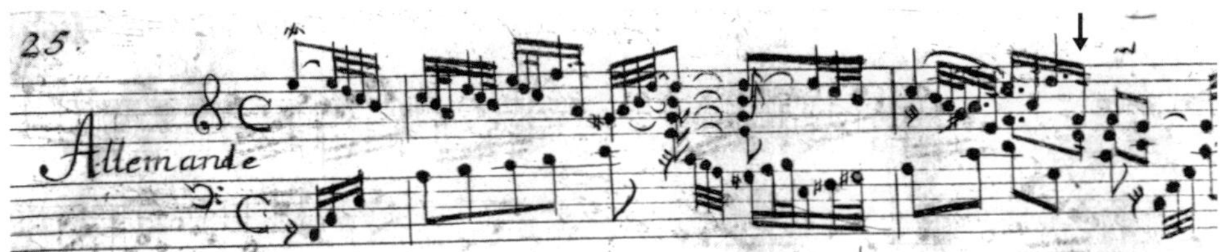

sie sollen also gleichzeitig angeschlagen werden (bei handschriftlichen Noten ist die Position meist weniger genau definiert). In moderner, mathematisch exakter Schreibweise müsste die Achtelnote einen doppelten Punkt bekommen.[89] Analog dazu hat Bach durch Übereinandersetzen der Notenköpfe ein weiteres Problem entschärft: die Angleichung von punktierten Rhythmen an Triolen.
Bei der Corrente B-dur aus BWV 825 lässt das graphische Bild kaum eine andere Deutung zu:

Beispiel 10b: J. S. Bach, Partita B-dur BWV 825, Corrente
Klavier-Übung I, Originaldruck (1731), S. 5
Leipziger Städtische Bibliotheken – Musikbibliothek, Sammlung Becker III.6.13

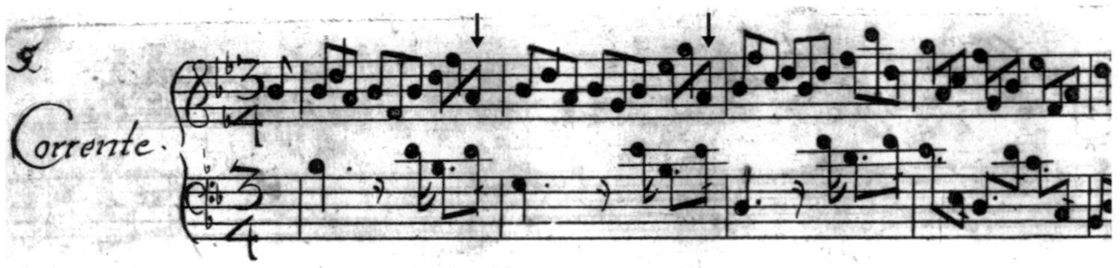

89 Die doppelte Punktierung wird zwar in seltenen Fällen angewendet (etwa bei André Raison), erscheint jedoch erst später (etwa bei Beethoven) in größerem Umfang.

Beim analogen Fall in der Courante der Französischen Suite Es-dur BWV 815 konnte sich Alfred Dürr »aus prinzipiellen Erwägungen« nicht zu einer entsprechenden Notierung entschließen, verweist aber im Vorwort auf die Spielweise.[90] Den vielleicht deutlichsten Beweis hat Bernhard Billeter bekannt gemacht: in T. 175 der Toccata g-moll BWV 915 hängen die Triolenachtel und die Sechzehntel am selben Notenkopf.[91]

Beispiel 10c

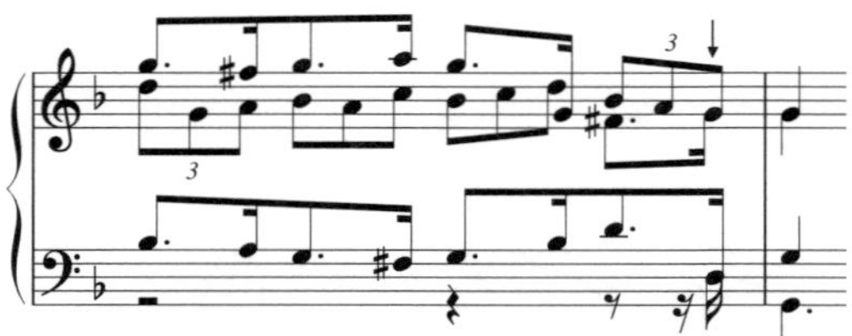

Wenn wir Zeitgenossen zu Rate ziehen, wird freilich das Problem nicht kleiner. Johann Friedrich Agricola meint, die Angleichung von Sechzehnteln an Triolen solle nur »bey der äußersten Geschwindigkeit« geschehen.[92] Für Tanzsätze (Entrée, Gavotte, Loure, Sarabande etc.) empfiehlt der Flötist Quantz, die Achtel, die auf punktierte Viertel folgen, »nicht nach ihrer eigentlichen Geltung, sondern sehr kurz und scharf« zu spielen.[93] Diese Regel hat man zeitweise überstrapaziert. Wohl nach dem Vorbild von Marie-Claire Alain war es seit den Sechzigerjahren des 20. Jahrhunderts hoch à la mode, nach Kadenztrillern die Antizipation der Schlussnote zu schärfen. Mittlerweile haben vor allem die Streicher wiederentdeckt, die Antizipation zwar unbetont, aber durchaus melodisch aufzufassen.
Die scharfe Punktierung bei ouvertürenartigen Stücken bleibt ein Diskussionspunkt. In Bachs Orgel-Œuvre ist der eigentliche Ouvertüren-Stil nur mit einem Stück vertreten, der Manualiter-Bearbeitung »Wir glauben all an einen Gott« BWV 681 aus Klavier-Übung III. Typisch sind die schnellen Auftaktfiguren; eine leichte Schärfung dürfte ihnen gut anstehen. Zu Beginn ist die Koordination mit den Sechzehntel-Auftakten graphisch exakt ausgedrückt (T. 1, T. 5), später freilich etwas nachlässiger. Es ist empfehlenswert, die Einzelauftakte weiterhin als Sechzehntel zu spielen, somit die von Quantz empfohlene Schärfung hier nicht anzuwenden:

90 Neue Bach-Ausgabe (fortan NBA) V/8, S. 32 und S. VII.
91 Billeter, *Bachs Klavier- und Orgelmusik*, S. 107.
92 Erwin R. Jacobi, *»Punktierte Rhythmen gegen Triolen« und zur Transkriptionstechnik bei J. S. Bach*, Bach-Jahrbuch 1962, S. 90.
93 Quantz, *Flötenschule*, S. 270.

Beispiel 11: J. S. Bach, »Wir glauben all an einen Gott« BWV 681
Klavier-Übung III, Originaldruck (1739), S. 39
Leipziger Städtische Bibliotheken – Musikbibliothek, Sammlung Becker III.6.15

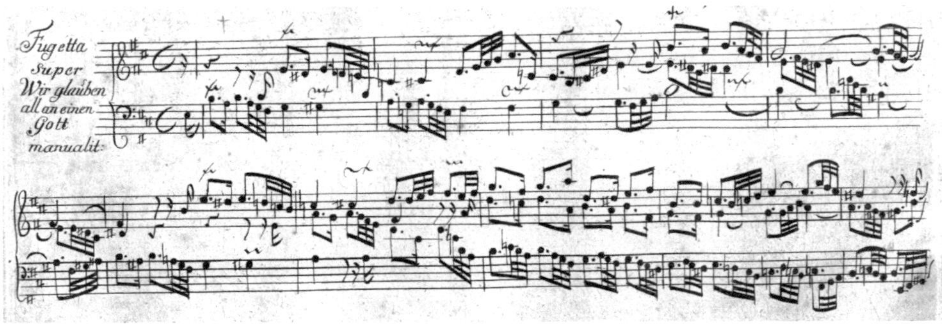

Oft wird die Frage gestellt: Ist der Beginn des Es-dur-Präludiums BWV 552 eine Ouvertüre?

Beispiel 12a

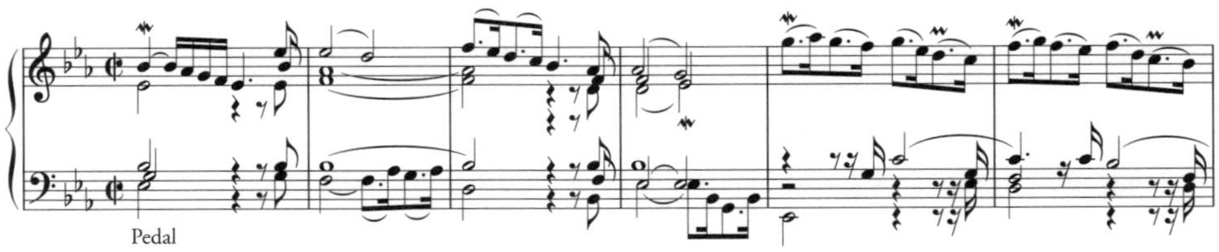

In Werken aus Bachs Leipziger Zeit finden sich zahlreiche Punktierungen, die einen Legato-Bogen von der langen zur kurzen Note tragen; besonders typisch finde ich die Arie »Können Tränen meiner Wangen« BWV 244/52 aus der Matthäus-Passion:

Beispiel 12b

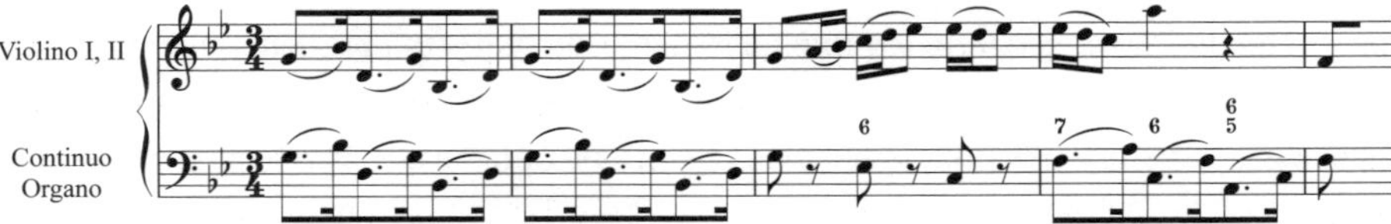

Ähnlich wie im Es-dur-Präludium hätten wohl viele Musiker die Tendenz, hier eine gewisse Schärfe der Artikulation anzubringen, wenn eben Bach nicht die Bögen gesetzt hätte.

Legato-Bögen beinhalten eine melodische Komponente, die mit einer Schärfung zur 32stel kaum in Einklang zu bringen ist. Vielleicht hilft uns die Beschreibung Johann Matthesons, in BWV 552 den richtigen Charakter zu finden: nach ihm soll der punktierte Teil einer Ouvertüre »ein etwas frisches, ermuntrendes und auch zugleich *elev*irtes Wesen« erhalten.[94] Melodische, fließende und prächtige Aspekte zu vereinen, dürfte im Es-dur-Präludium anzustreben sein; wir könnten von einer »galanten Ouvertüre« sprechen. An manchen Stellen ist Bachs Notierung sehr detailliert und genau. In T. 52 ist der Auftakt in den Oberstimmen (mit davor gesetzten Pausen) exakt als Sechzehntel gefasst, wohl um der Koordination mit den Unterstimmen willen. Was soll aber geschehen mit den als Achtel geschriebenen Auftakt-Akkorden in T. 1, T. 3, T. 17 etc.? Hat Bach nur aus Zeitersparnis auf die Pausen und Sechzehntel-Fähnchen verzichtet? Oder wollte er zum Ausdruck bringen, dass diese Impulse nicht allzu militärisch straff, sondern eher »elevirt« (etwa: erhebend) wirken sollten? Leserin und Leser merken: die Grenzen unseres Wissens sind bald erreicht; wir kommen um persönliche Entscheidungen nicht herum.

Im Orgelbüchlein-Choral »Herr Gott, nun schleuß den Himmel auf« BWV 617 wird durch Übereinanderschreiben die Koordination von zwei Noten bezeichnet, die *mathematisch* nicht gleichzeitig zu spielen wären (T. 13, 15 etc.). Im Original ist das in T. 16 (Zählzeit 2) genau zu sehen. Zwei Achtel sind offensichtlich der 12/8- bzw. 24/16-Bewegung der Unterstimmen anzugleichen. Schon die Peters-Ausgabe von 1846 hatte hier die musikalisch überzeugende Lösung präsentiert, wie auch die NA, während die Neue Bach-Ausgabe mathematisch korrekt ediert hat.[95]

Die Frage, ob eine binäre und eine ternäre Teilung *gleichzeitig* bei Bach möglich oder gar erwünscht war, stellt sich beim Orgelbüchlein-Choral »In dulci jubilo« BWV 608. Der Dreier-Rhythmus der Choralmelodie (3/2-Takt) wird in den Gegenstimmen nochmals in drei Einheiten geteilt; diese sind als Achtel mit Triolenzeichen geschrieben.[96] Nun finden sich zu Beginn regelmäßige Viertel (T. 3, 4 und 7 etc.), später aber Viertel plus Achtel (mit Triolenzeichen, T. 25). Wenn Bach sich so viel Mühe macht, zwei unterschiedliche Spielweisen zu Papier zu bringen, liegt der Schluss auf der Hand, die regelmäßig notierten Viertel als *Zwei zu Drei* zu interpretieren. In den Anfangstakten unterstreicht das den pastoralen Grundcharakter des Stücks; spieltechnisch schwieriger wird die Sache erfahrungsgemäß in T. 19 und 20.

Zum Tempo – Zur Deklamation

Schon die beiden vorangegangenen Kapitel haben viele Aspekte der Zeitgestaltung in der Musik zur Sprache gebracht und deren Problematik aufgezeigt. Besonders die subtile Notierungsweise der Taktarten deutet darauf, dass Bach eine detailreiche Darstellung am Herzen lag. Das absolute, in Sekunden und Minuten messbare Tempo wird heutzutage kontrovers

94 Mattheson, *Orchestre*, S. 171.

95 NA, Bd. 7, S. 49.

96 Vgl. dazu NA, Bd. 7, S. 32 und 98.

diskutiert. Es ist indes kaum zweifelhaft, dass ab etwa 1980 die Temponahme schneller geworden ist; der damals jungen Generation schien es unabdingbar, die Gunst des Publikums durch eine brillante, gesteigerte Geschwindigkeit zu erobern. Solche Gedanken wurden freilich schon im frühen 19. Jahrhundert geäußert. Franz Liszt spricht von der »Sklaverei des Künstlers, der zur Erhaltung und Verbesserung seiner Existenz und seines Renommees auf den Zuspruch und den Applaus der Menge angewiesen« sei.[97] Man mache sich klar: ein Publikum im heutigen Sinne gab es in Bachs Leben kaum.

Die These eines generell langsameren Tempos in älterer Musik wurde angestoßen durch die Frage, ob Pendelbewegungen – und damit auch das Tick-Tack des Metronoms – als einfache Schwingung oder als doppelte Schwingung (hin und zurück) aufgefasst werden sollen. Die zweite Lösung würde erlauben, extrem schnelle Metronom-Angaben etwa bei Beethoven zu entschärfen. Freilich ergibt das doppelte langsame Tempo für unsere Ohren oft einen sehr ruhigen Schritt. In größerem Umfang bekannt wurde die »metrische«, also relativ langsame Lesart durch den niederländischen Organisten Willem Retze Talsma (1927–2005). In seinem Buch *Wiedergeburt der Klassiker* werden französische, durch ein schwingendes Pendel gemessene Tempi vom Ende des 17. Jahrhunderts und Metronom-Zahlen der Wiener Klassik in dieser metrischen Deutung mit Notenbeispielen vorgestellt. Bald aber kamen kritische Stimmen auf, die eine wörtliche, also schnelle Spielweise für angemessen propagierten; Sprachrohr der »schnellen Partei« war (und ist nach wie vor) Klaus Miehling.[98] Die beiden Meinungen stehen einander recht unversöhnlich gegenüber. Eigentlich merkwürdig, denn für die Steigerung des Tempos zwischen 1800 und 1850 hat Richard Erig eine sehr informative Studie publiziert. Die Metronom-Zahlen der Etüden steigen stetig nach oben; dies korrespondiert mit den schriftlichen Dokumenten zur Zunahme der Geschwindigkeit nach Beethoven. So moniert etwa G. W. Fink in der Allgemeinen musikalischen Zeitung 1839: »Haben es doch Etliche schon gewagt, Schlußsätze von Beethoven mit toll übertriebener Abjagung zu verpfuschen, ohne dass solche Kindereien gebührend gerügt wurden«.[99] Erig nennt als extremes Beispiel Carl Czernys Etüde op. 365, Nr. 6 *(Schule des Virtuosen)*, wo über längere Zeit ein Tempo von ♩ = 138 für Akkordbrechungen in 32steln verlangt wird. Das bedeutet: in einer Sekunde sind 18 Tasten anzuschlagen.[100]

Johann Sonnleitner weist darauf hin, dass der 1. Satz von Beethovens *Sonate für das Hammerklavier* op. 106 zwar in der Wiener Ausgabe mit 𝅗𝅥 = 138, in der Londoner Ausgabe aber mit ♩ = 138 bezeichnet ist. Aufgrund solcher Dokumente nimmt Sonnleitner einen »variablen« Gebrauch der Metronome, mal zur Einzelschlag-Bestimmung, in einem anderen Fall zur

97 Zitiert nach Talsma, *Wiedergeburt*, S. 220.
98 Miehling, *Das Tempo in der Musik von Barock und Vorklassik*.
99 Allgemeine musikalische Zeitung, 19. Juni 1839, Nr. 25, Sp. 478; vgl. Talsma, *Wiedergeburt*, S. 222.
100 Erig, *Beschleunigung nach Beethoven*, S. 136.

Doppelschlag-Messung, an.[101] Meines Erachtens kommt Beethovens von Czerny gerühmte »charakteristische und leidenschaftliche Kraft« im Schritt von ♩= 138 besser zum Ausdruck als in der schnellen Interpretation, wo jede Nuancierung dem Erreichen des Metronom-Schlags geopfert werden muss.

Es geht mir weniger darum, die schnelle Welt zu verändern, als vielmehr darum, die Wechselwirkung zwischen der Mannigfaltigkeit im Detail und dem *großen Bogen* des Tempos bewusst zu machen. Mit dem Begriff »Deklamation« möchte Friedrich Konrad Griepenkerl den Spielern eine subtile, redende Gestaltung der Musik nahelegen:

> Bach selbst, seine Söhne und Forkel trugen die fraglichen Meisterwerke mit einer so großen Feinheit, mit einer so tiefgreifenden Declamation vor, daß sie wie mehrstimmige Gesänge klangen, die von einzelnen großen Künstlern gesungen wurden. Alle Mittel des guten Gesanges waren dabei in Anwendung gebracht, kein Cércar, kein Portamento fehlte und es wurde sogar, wenn ich so sagen darf, an den rechten Stellen, nämlich wo der Satz zu Ende ist, geathmet ... Davon haben die neueren Virtuosen auf dem Pianoforte keinen Begriff; denn sie können auf ihrem Instrumente nicht singen, und bachische Stücke wollen mit aller Kunst gesungen sein.[102]

Aus anderen Dokumenten geht hervor, dass Griepenkerl als Exponenten dieser neueren Spielweise speziell Felix Mendelssohn Bartholdy aufs Korn nahm.[103] Ist es nicht faszinierend zu hören, dass schon am Anfang des 19. Jahrhunderts die Meinungen in ähnlicher Weise aufeinanderprallten wie heute? Griepenkerl war ja eher eine Hintergrundfigur im Musikleben seiner Zeit, Mendelssohn dagegen einer der bekanntesten Musiker mit internationalem Ruf. Wenn in der Griepenkerl-Peters-Ausgabe zur F-dur-Toccata BWV 540 als Tempo-Vorschlag ♪ = 76 gegeben wird,[104] so rümpft ein heutiger Musiker die Nase; deutlich ist jedenfalls daraus abzulesen, dass jedem Achtelschlag ein voller Eigenwert gegeben werden soll, während heute die 3/8-Takte gerne »auf ganze Takte« gedacht werden. Schneller oder langsamer: die Dimension, die Griepenkerl mit der Deklamation anspricht, gleichsam eine Innenschau dessen, was in der Musik geschieht, verdient unsere volle Aufmerksamkeit. Zur Deklamation vgl. den Abschnitt über die galanten Elemente in Bachs Leipziger Stil (→ S. 61).

101 Beethoven, Klaviersonate op. 106, Wiener Urtext Edition, 2018, Hinweise zu Beethovens Tempi und Metronomzahlen von Johann Sonnleitner, S. Vf.

102 Brief von Griepenkerl an Carl Gotthelf Siegmund Böhme vom 24. April 1842, zitiert nach Karen Lehmann, *Mendelssohn und die Bach-Ausgabe bei C. F. Peters*, Bach-Jahrbuch 1997, S. 92. Die Bezugnahme auf Elemente der Gesangstechnik wäre allerdings erklärungsbedürftig; das »Suchen«, eventuell »Anschleifen« des Tones wird heute wenig positiv beurteilt. Mit Dank an Almut Hailperin, Basel.

103 Lehmann (wie Fußnote 102), S. 94.

104 Band 3, Vorwort, S. IV.

BACHS WEG

Das toccatische Frühwerk

Johann Sebastian Bachs frühe Werke haben ihre Wurzeln zum einen in der Bach-Familie und dem Zentrum Erfurt mit Johann Pachelbel, zum andern im Norden Deutschlands mit dem *stylus phantasticus*, den frei schweifenden Präludien eines Dieterich Buxtehude. Ein freieres, gleichsam improvisatorisches Spiel ist beim Tasteninstrument besonders naheliegend, wo keine Rücksicht auf Mitspielende zu nehmen ist. Das Abgehen von der normalen Taktbewegung wird gerne mit dem Rezitativ in Verbindung gebracht: so um 1600, als der geniale Bühnenmeister Claudio Monteverdi das *Recitar Cantando* in der Oper einführte und etwas später der Tastenvirtuose Girolamo Frescobaldi (1583–1643) das *affetto*-Spiel auf dem Cembalo zur Blüte brachte. Glücklicherweise hat Frescobaldi seine Ideen im Vorwort zu den Toccatenbüchern niedergelegt. Dieser Text ist eine Basis für das toccatische Spiel und kann für das ganze 17. Jahrhundert als maßgebend herangezogen werden.

> Che non dee questo modo di sonare stare soggetto à battuta, come veggiamo usarsi nei Madrigali moderni, i quali quantunque difficili si agevolano per mezzo della battuta portandola hor languida, hor veloce, e sostenendola etiandio in aria secondo i loro affetti, o senso delle parole.
>
> Diese Spielart soll nicht dem Taktschlag unterworfen sein, so wie dies bei den modernen Madrigalen üblich ist, welche – obwohl schwierig – dadurch erleichtert werden, dass der Takt bald schmachtend [langsam], bald schnell geschlagen oder [mit der Schlagbewegung] gar innegehalten wird, je nach ihren Affekten oder nach dem Sinn der Worte.[105]

In verschiedenen Werken des Frescobaldi-Schülers Johann Jacob Froberger (1616–1667) erscheint der Begriff »à discretion«, manchmal mit dem Zusatz »sans observer aucune mesure«. Dies vor allem bei meditativen Stücken, etwa bei der *Meditation faite sur ma mort future, la quelle se joüe lentement avec Discretion*. Doch auch bei den Toccaten gibt es Hinweise: Für die Teile mit den Passagen wird jeweils das freie Spiel gefordert (»Cette Toccate se joue à discretion«) und später durch ein Zeichen angegeben, wo diese Freiheit zu enden hat und zu einer regulierten Taktbewegung zurückzukehren ist; meist sind das Abschnitte mit kurzen, stets wiederkehrenden Motiven.[106] In der Folge verwendet auch Buxtehude den Begriff *con discrezione*.[107]

105 Girolamo Frescobaldi, Il primo libro di Toccate, a cura di Etienne Darbellay, Monumenti musicali Italiani, Bd. 4, Edizioni Suvini Zerboni, Mailand 1977, Vorwort »Al Lettore« (S. XXVII).

106 Froberger, Toccaten etc., Faksimile der Handschrift *SA 4450*, S. 1, S. 63 bzw. S. 2*, S. 45* (und öfter).

107 Präludien in E (BuxWV 141, T. 73) und fis (BuxWV 146, T. 78).

Noch im Jahr 1739 charakterisiert Johann Mattheson, im aufgeklärten Hamburg tätig, diesen *Stylus phantasticus* so:

> Denn dieser Styl ist die allerfreieste und ungebundenste Setz- Sing- und Spiel-Art, die man nur erdencken kann [...] ohne eigentliche Beobachtung des Tacts und Tons, unangesehen dieselbe auf dem Papier Platz nehmen; [...] bald hurtig bald zögernd; bald ein- bald vielstimmig; bald auch auf eine kurtze Zeit nach dem Tact [...]; doch nicht ohne Absicht zu gefallen, zu übereilen und in Verwunderung zu setzen.[108]

Durch Vincent Lübeck (1656–1740), Organist an der Nikolaikirche mit Hamburgs größter Orgel, muss Mattheson diese Spielweise gut gekannt haben. Das Alternieren von freien und gebundenen Teilen (Fugen) ist für die Präludien und Toccaten von Buxtehude, Vincent Lübeck, Georg Böhm wie auch für den jungen Bach konstitutiv. Verwunderung, Überraschung gehören zu den Gestaltungsmitteln, die man nicht verschmähen sollte.
Schon im Alter von 15 Jahren lernte Bach durch seinen Aufenthalt in Lüneburg (1700–1701 oder 1702) diese norddeutsche Musikkultur kennen. Große Orgeln mit gut ausgebautem Pedal, Arien und Lieder, die deutlich den Geist der Oper atmeten, seien als Stichworte genannt. Der Fund der »Weimarer Orgeltabulatur«, der Michael Maul und Peter Wollny 2005 geglückt ist,[109] lässt die Einflüsse, die dem jungen Bach seinen Weg wiesen, klarer zu Tage treten. Georg Böhm (1661–1733), ebenfalls aus Thüringen gebürtig, dann Cembalist der Hamburger Oper, seit 1698 Organist an der Lüneburger Johanniskirche, war eine Schlüsselfigur. Bekanntlich wollte Bach etwas später – schon als bestallter Organist der Neuen Kirche in Arnstadt – seine Kenntnis dieses Stils vertiefen; er reiste nach Lübeck zu Dieterich Buxtehude (November 1705 bis Februar 1706). Nochmals: im Zentrum standen der rezitativische Gestus des »stylus phantasticus« und eine ariose Melodik (Oper, Lied und Kantate). Wir können vermuten, dass Bach bei dieser berühmten Reise auch in Lüneburg (Böhm) und Hamburg (Reincken, Keiser) weitere Anregungen aufgenommen hat.
Einen Niederschlag davon dürfen wir in den Tempo- und Affekt-Bezeichnungen sehen. Zwei durch Autographe gesicherte Kantaten, nämlich »Gott ist mein König« BWV 71 (Februar 1708) und »Aus der Tiefen rufe ich, Herr, zu dir« BWV 131 sind besonders lehrreich; für die Tastenmusik ziehe ich die Schlussvariation der Choralpartita »Ach, was soll ich Sünder machen« BWV 770 und die Manualiter-Toccaten d-moll und e-moll BWV 913 und 914 heran. Offensichtlich war es dem jungen Komponisten ein Anliegen, nicht nur pauschal zwischen langsam und schnell zu unterscheiden, sondern den Ausführenden feinere Nuancierungen zu vermitteln:

108 Mattheson, *Capellmeister*, S. 88 (§. 93 und 94).
109 Maul/Wollny, Weimarer Orgeltabulatur, Faksimile.

Adagio – Lente	BWV 71/4, 131/1, 131/5, 131/7, 770/10, 913, 914
Adagiosissimo	BWV 913a
Poco adagio	BWV 770/10
Largo	BWV 131/3
Affettuoso e larghetto	BWV 71/6
Andante	BWV 71/2, 71/7, 131/2, 913
Arioso	BWV 71/7
Un poc'allegro	BWV 71/1, 131/5, 914
Animoso	BWV 71/1
Vivace	BWV 71/5, 71/7
Allegro	BWV 71/7, 131/5, 770/10, 913, 914
Presto	BWV 913

Im Bereich der Orgelmusik fällt zudem der Begriff *passaggio* auf: einstimmige Passagen (wir brauchen noch heute dasselbe Wort) deuten auf einen improvisatorisch freien Zugriff (vgl. das Mattheson-Zitat, S. 56). Glücklicherweise hat Bach zu Beginn der Frühfassung seines Präludiums g-moll BWV 535a (um 1705) diesen Begriff eigenhändig notiert.[110] Darüber hinaus ist kürzlich zur genannten Cembalo-Toccata d-moll BWV 913 eine Quelle bekannt geworden, die die Affinität des jungen Komponisten zur rezitativischen Spielweise in erstaunlichem Maße bekräftigt.[111] Die Noten hat der damalige Meisterschüler und spätere Nachfolger in Weimar Johann Martin Schubart geschrieben; von Bach selbst aber stammen zusätzliche Tempo-Hinweise, die unerwartete, beinahe schockartige Wechsel anzeigen.

Beispiel 13: J. S. Bach, Toccata d-moll BWV 913, T. 121ff.

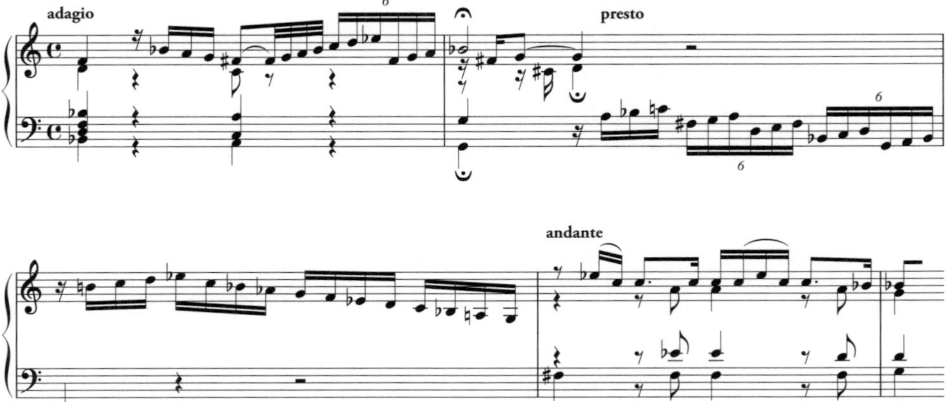

110 NA, Bd. 2, S. 70; Faksimile NBA IV/6, S.VIII.
111 Blanken, Bach-Jahrbuch 2013, S. 87–95.

Der Beginn dieses langsamen Satzes ist, wie nicht anders zu erwarten, *adagio* zu spielen. Neu ist die in den bisherigen Ausgaben nicht vorhandene Fermate auf dem Ton *d*[1] (T. 122); sie bezeichnet einen veritablen Stopp, bevor dann die einstimmige Passage *presto* in Angriff genommen werden soll. War es bisher üblich – veranlasst durch das *adagio* –, dieser Passage ein ausdrucksvolles, melancholisches Gesicht zu geben, so verlangt nun Bachs *presto* eine überraschende Wende. Oder müssen wir gar die Regel formulieren: Einstimmige Passagen sind schnell zu spielen? Nicht weniger erstaunlich ist der Abschluss des vorangehenden Teils, eines längeren imitierenden Abschnitts, der aber ab T. 111 in ein freieres Motivspiel ausläuft. Die Fermaten in T. 119 waren schon bisher bekannt; auch der verlängerte Triller wäre manchen Interpreten selbstverständlich gewesen, wird nun aber unterstützt durch Bachs Notiz *adagio*. Wer aber wäre auf die Idee gekommen, im Schlusstakt nochmals das Grundtempo des Stücks aufzugreifen? Die Datierung dieser Quelle um 1708/09, zu Beginn der für die Orgelmusik so wichtigen Weimarer Schaffenszeit, erlaubt den Schluss, dass das Kontrastprinzip bis mindestens 1710 aktuell war.

KONTRAST ist für Bachs Jugendwerke ein Zauberwort. Dazu gehört auch – unbesehen der eigenartigen Echtheitsdiskussion[112] – die berühmte d-moll-Toccata BWV 565. Gerade die zahlreichen Tempobezeichnungen sind als Argument für die Echtheit zu werten.

Selbstverständlich sind dazu auch die ausdrucksvollen Momente zu beachten, etwa die verzierten Bicinien der Choralpartiten oder die kolorierten Choräle des Orgelbüchleins. Schon für den Neumeister-Choral »Ach Herr, mich armen Sünder« BWV 742 (komponiert vermutlich um 1704) ist die Angabe *poco adagio* überliefert. »O Mensch, bewein dein Sünde groß« BWV 622 (um 1710) ist mit *Adagio assai*, also *sehr langsam* bezeichnet; wenn nun der Schluss – zum Text »wohl an dem Kreuze lange« – noch ruhiger (*Adagissimo*; liest man Bachs Handschrift genau, so heißt es eigentlich *Adagiißimo*) verlangt wird, sollte man nicht zögern, Bachs Spektrum der *affetti* hier bis zu *extrem langsam* auszudehnen.

Der »Concerto-Bach«

Mit italienischer Musik musste sich damals jeder Musiker vertraut machen: Bach kopierte eine weltliche Kantate von Antonio Biffi, er komponierte Fugen über Themen von Toma-

112 Rolf Dietrich Claus, *Zur Echtheit von Toccata und Fuge d-moll BWV 565*, Dohr, Köln-Rheinkassel 1998; Christoph Wolff, *Zum norddeutschen Kontext der Orgelmusik des jugendlichen Bach – Das Scheinproblem der Toccata d-Moll BWV 565*, in: Bach, Lübeck und die norddeutsche Musiktradition, Bericht über das Symposion April 2000, Bärenreiter, Kassel etc. 2002, S. 220–230.

so Albinoni, Giovanni Maria Bononcini und Arcangelo Corelli.[113] Wahrscheinlich schon um 1710 begannen Bach und sein Kollege Johann Gottfried Walther, italienische Konzerte für Tasteninstrumente zu transkribieren; wir lesen die Namen Marcello, Torelli, Albinoni, Gentili, Gregori, Taglietti. Etwa im Jahr 1713 lernte Bach die Concerti des *Estro armonico* op. 3 von Antonio Vivaldi kennen – ein Markstein für sein Schaffen. Auch wenig bekannte Komponisten lassen erahnen, welchen Stellenwert dieser Transfer eingenommen haben muss.

Im Bewusstsein des heutigen Konzertbesuchers ist der konzertante Bach-Stil stark verankert: Die sechs Brandenburgischen Konzerte BWV 1046–1051 stehen für die pulsierende, rhythmisch treibende Kraft des Allegros und für gesangliche, ausdrucksvolle Adagi. Im Orgelrepertoire korrespondieren damit die Toccaten in C-dur BWV 564 und F-dur BWV 540, die »Dorische« BWV 538, Präludium und Fuge G-dur BWV 541, die g-moll-Fuge BWV 542 und viele weitere Werke. Vergleicht man die Cembalo-Toccata d-moll BWV 913 mit den genannten Stücken, so wird die Entwicklung deutlich: dort kleingliedrige Abschnitte (adagio – presto – andante), hier ein formales Gesamtkonzept, das auf *einem* Hauptthema basiert und – beispielsweise durch die Wiederaufnahme eines Themas in der Dominanttonart – einen concertoartigen Ton anschlägt.

Das Konzert, insbesondere das Violinkonzert, muss in der Zeit von Bachs Wirken am Hof der Herzöge von Sachsen-Weimar eine richtige Modeerscheinung gewesen sein. Die mitteldeutschen Höfe vermittelten einander die neuesten Werke italienischer und deutscher Provenienz. Wahrscheinlich brachte der junge, musikbegabte Prinz Johann Ernst von Sachsen-Weimar (1696–1715) von seiner Bildungsreise in die Niederlande Vivaldis op. 3 nach Weimar. Er übte sich selbst im Komponieren von Violinkonzerten; Bachs und J. G. Walthers Bearbeitungen für Tasteninstrumente dürften auf einen Wunsch des Hofes zurückgehen: man wollte diese »Schlager« bei allen möglichen Gelegenheiten hören.[114]

Fraglos hat Bach auch die Anlage und die innermusikalische Struktur des italienischen Concertostils studiert und sich davon anregen lassen: mehr und mehr etablieren sich größere zusammenhängende Sätze, die Kontraste der Frühwerke weichen – wie schon gesagt – einem großformalen Werkkonzept; mit einem Wort des Bach-Biographen Forkel: »Er studirte die Führung der Gedanken, das Verhältniß derselben unter einander, die Abwechslungen der Modulation und mancherley andere Dinge mehr. Die Umänderung der für die Violine eingerichteten, dem Clavier aber nicht angemessenen Gedanken und Passagen, lehrte ihn auch musikalisch denken«[115] (wer den toccatischen Gestus früher Bach-Werke liebt, wird an Forkels Verdikt wenig Freude haben!). Es bilden sich thematische Modelle heraus, die zuvor nicht so deutlich waren. Auf ein einprägsames Tutti-Thema (Quantz würde von ei-

113 NA, Bd. 3, S. 76, 78, 118, 132; Peter Wollny, *Neue Bach-Funde*, Bach-Jahrbuch 1997.
114 Schulze, *Studien zur Bach-Überlieferung*, S. 154–163.
115 Dok VII, S. 36; Faksimile Forkel, S. 24; vgl. auch Schulze, *Studien zur Bach-Überlieferung*, S. 146f.

nem »prächtigen Ritornell«[116] sprechen) folgt oft eine locker sequenzierende Fortführung; besonders typisch, wohl stark von Vivaldi angestoßen, ist in dieser Zeit das Vorherrschen der Quintfallsequenz mit ihrer »kreisenden« Wirkung. Man denke nicht, solche analytisch anmutenden Gedanken seien für das Spiel unwichtig!

Was ist nun wesentlich für die Spielweise dieser Werke aus Bachs mittlerer Schaffenszeit? In einer Beilage zur Ausgabe der 12 Polonaisen von Wilhelm Friedemann Bach äußert sich Friedrich Konrad Griepenkerl erneut über »Musikalische Deklamation«. Er fordert diese für Arien und eben für Werke des ältesten Bach-Sohnes (→ S. 62), fügte aber einige Sätze über J. S. Bach bei:

> Die *einen* [Kunstwerke] bedürfen ihrer so gut wie gar nicht, theils wegen des inneren Kunstreichthums und ihrer ganzen Einrichtung und Bestimmung, theils auch, weil die Grösse und Erhabenheit ihres Ausdrucks, der Ernst und die Würde ihrer Bedeutung solch' äusseren Schmuck fast gänzlich verschmäht. Hierher gehören zu allererst die grossen *Präludien und Fugen für die Orgel mit obligatem Pedal von J. S. Bach*, so viel deren noch übrig sind, und viele seiner Klavierkompositionen. Bei ihnen reicht Deutlichkeit im Einzelnen, richtige Accentuation und verständige Sonderung der Perioden, wie im Gegentheil ein sorgfältiges Zusammenhalten des Zusammengehörigen meistens hin.[117]

Die normale Akzentuierung und die Deutlichkeit des Vortrags seien somit als Grundlage der Interpretation genügend. Für Präludien und Fugen ist in der Regel eine Organo-pleno-Registrierung angesagt, ein raumfüllender Klang, der mehr durch ein »Schreiten« als durch raffinierte Details auf die Hörer wirken soll. Trotzdem soll man – wie uns Griepenkerl nahelegt – die Phrasen, die Perioden beachten und bei den Abschlüssen gleichsam »Atem holen«. Eine ähnliche Diskrepanz besteht zwischen einer Arie und einem Chorsatz mit großer Vokal-Instrumental-Besetzung: eine Arie bedarf der individuellen Ausgestaltung eines Solos, der Verzierungen und rhythmischen Raffinesse, bei einem Chorsatz oder einem Organo-pleno-Stück dagegen sind solche Feinheiten (beinahe) unerwünscht.

Zur Herausbildung dieses typischen Bachstils gehört der motivisch durchformte Satz, wie er am klarsten am Orgelbüchlein (um 1710–15) demonstriert werden kann. Die Konzentration auf ein Hauptmotiv (oder einige wenige Motive) verleiht einem längeren Satz, einem ganzen Präludium oder eben einem Orgelbüchlein-Choral eine einheitliche Musterung, eine unverwechselbare Prägung. Sich diese fein ziselierten Bausteine bewusst zu machen, gehört ebenso zum Orgelspiel wie der Fingersatz oder die Wahl einer angemessenen Registrierung.

116 Quantz, *Flötenschule*, S. 294.

117 Druck Leipzig 1819 (siehe Literatur-Verzeichnis). Das Einlageblatt *Ueber den Vortrag der Polonoisen* ist faksimiliert bei Leisinger/Wollny, *Katalog Brüssel*, S. 147.

Galante Elemente in Bachs Leipziger Stil

Während Johann Sebastian Bachs Lebens- und Schaffenszeit hat sich der musikalische Geschmack stark verändert; mit seinen eigenen Worten: »Da nun aber der itzige *status musices* gantz anders weder ehedem beschaffen, die Kunst üm sehr viel gestiegen, der *gusto* sich verwunderens-würdig geändert, dahero auch die ehemalige Arth von *Music* unseren Ohren nicht mehr klingen will [...]«.[118] Spätestens ab 1730 brechen die galanten Zeiten an; die stilistischen Vorlieben der jungen Generation – dazu gehören die Söhne im eigenen Haus – machen sich bemerkbar. Der homophone Satz, der *einer* Hauptmelodie die Priorität gibt, verlangt, wie schon im Abschnitt Fingersatz angedeutet (→ S. 29), andere Gestaltungsmittel. War es für das Frühwerk sinnvoll, Anweisungen des 17. Jahrhunderts heranzuziehen, so stehen nun die Lehrwerke der 1750er Jahre im Fokus, allen voran natürlich der *Versuch über die wahre Art das Clavier zu spielen* des zweitältesten Sohnes Carl Philipp Emanuel aus dem Jahr 1753.

Nach Heinrich Christoph Koch unterscheidet sich »die freye oder ungebundene Schreibart, die man auch den galanten Styl nennet«, vom älteren Stil

> »1. durch mannigfaltigere Verzierungen der Melodie, und Zergliederungen der melodischen Hauptnoten, durch mehr hervorstechende Absätze und Einschnitte, und durch mehr Abwechslung der rhythmischen Theile [...]
> 2. durch eine weniger verwickelte Harmonie, und
> 3. dadurch, daß die übrigen Stimmen der Hauptstimme bloß zur Begleitung dienen, und als begleitende Stimmen mehrentheils keinen ganz unmittelbaren Antheil an dem Ausdrucke der Empfindung haben.«[119]

Betrachten wir beispielsweise die Takte 4–7 des h-moll-Präludiums BWV 544, so ist der Oberstimme alle Aufmerksamkeit im Sinne dieses galanten Stils zu widmen; die Unterstimmen sind, unabhängig davon, als rhythmische Stütze aufzufassen. Die melodische Gestalt der Hauptmelodie ist also auf ihre »mannigfaltigen Verzierungen« zu befragen. Zweifellos sind die 32stel-Gruppen in T. 4–5 eine doppelschlagartige Belebung der Melodie; diese wiederum fällt durch rhythmische »Verschiebungen« auf. CPEBach würde dafür eine gewisse Freiheit im Sinne von »Schleppen und Fortgehen« wünschen.[120] Dieses *tempo rubato*, gleichsam »gestohlene« Zeit, wird von Ernst Wilhelm Wolf noch genauer beschrieben: »Es wird dabey im Baß der Tact sehr strenge beobachtet; die Melodie aber, die man mit der rechten

118 Dok I, S. 63 (Entwurf einer wohlbestallten Kirchenmusik, 1730).
119 Koch, *Lexikon* (1802), Artikel Schreibart, Sp. 1453.
120 CPEBach, *Versuch*, S. 117.

Hand spielet, wird schleppend vorgetragen; man giebt dabey mancher Note an ihrem Gehalte etwas zu, und nimmt dafür einer andern etwas davon ab«.[121]
Generell wird auf rhythmische Freiheiten in neuer Weise hingewiesen. Mit einem Kreuz bezeichnet CPEBach die Punkte, »wo man aus Affeckt bißweilen so wohl die Noten als Pausen länger gelten läßt, als die Schreib-Art erfordert«:

Beispiel 14: CPEBach, Versuch, S. 129 und Notenbeilage, Tab. VI, Fig. XIII

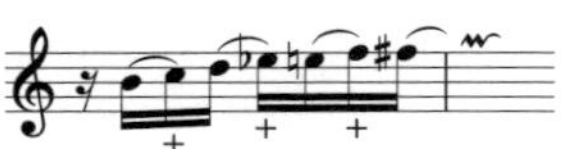
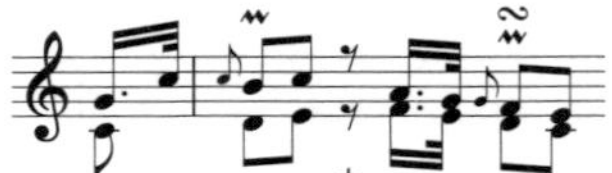
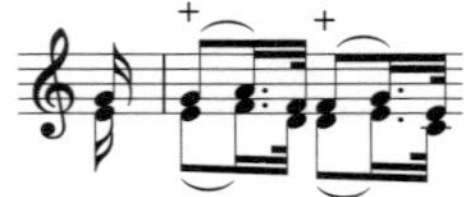

Gegenüber dem eben geschilderten *gebundenen* Rubato, wo die linke Hand im Takt bleiben soll, ist hier ein *freies* Rubato gemeint: in allen Stimmen wird der Taktschlag aufgehoben. Das dritte Beispiel bezieht sich wohl auf einen dissonanten Klang und dessen Auflösung (das Beispiel wird ohne Bass gegeben, sodass dies nicht mit letzter Sicherheit festzustellen ist), das zweite macht uns bewusst, wie wichtig die innere Spannung bei Pausen zu veranschlagen ist.
Im oben schon herangezogenen Dokument von Friedrich Konrad Griepenkerl zur Deklamation (→ S. 60) heißt es weiter:

> Die *anderen* bedürfen einer überreichen Deklamationskunst [...] Dahin gehören vor allem die Italienischen Opernarien. [...] In der Mitte zwischen beiden stehen Kunstwerke, welche ein [...] erregtes Gemüth darstellen, von glühender Leidenschaft bis zu tiefer geistiger Liebe und stiller schwerer Wehmuth. [...] Hierher gehören gegenwärtige *Polonoisen von Wilhelm Friedemann Bach.*[122]

Anders als die bekannte Griepenkerl-Peters-Ausgabe von Bachs Orgelwerken ist der Druck der 12 Polonaisen von Wilhelm Friedemann Bach eine Interpretationsausgabe (Leipzig 1819, Verlag Peters). Aus dem folgenden Beispiel ist zu ersehen, wie Griepenkerl sich dieses Hervorheben, die Deklamation von ausdrucksvollen Punkten vorstellt:

121 Ernst Wilhelm Wolf, *Eine Sonatine, Vier affectvolle Sonaten* [...], Leipzig 1785, S. IX, zitiert nach Klapprott, *sangbar und zusammenhängend spielen*, S. 67; dort weitere Zitate dazu.

122 Siehe Fußnote 117.

Beispiel 15: W. F. Bach, Polonaise c-moll FK 12/2, T. 1ff. mit Vortragsbezeichnungen von F. K. Griepenkerl

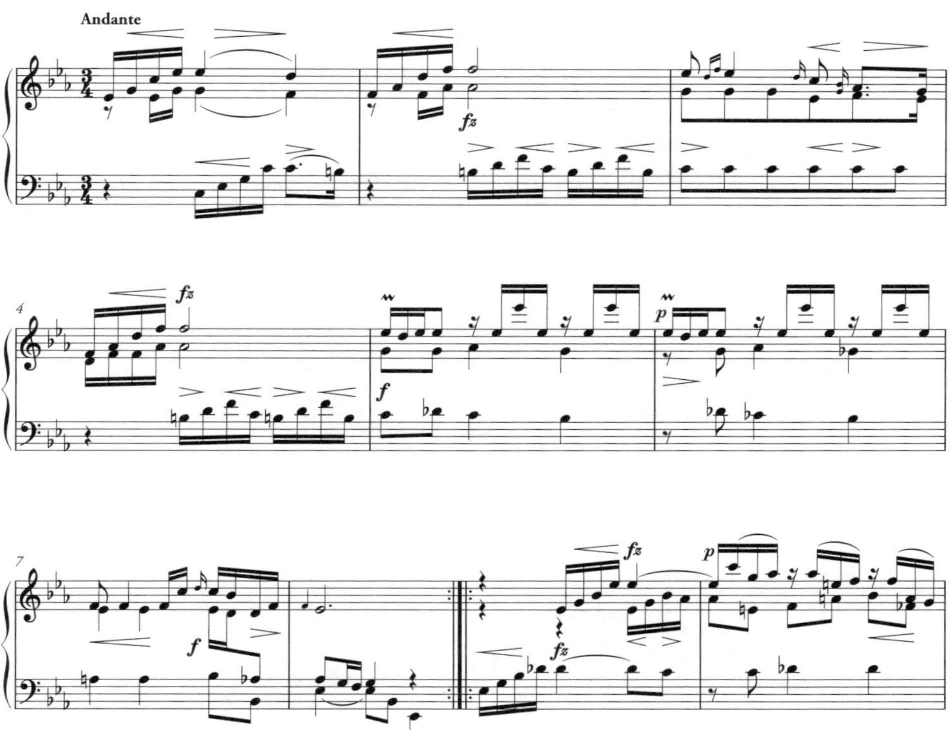

Bei einem Vortrag auf dem Clavichord und dem Pianoforte lassen sich die Crescendo-Zeichen direkt umsetzen. Auf der Orgel und auf dem Cembalo ist mit Überlegato ein Anwachsen des Klangs anzudeuten. Die Hervorhebung des Zieltones *es*² (Zählzeit 2) mag durch eine Dehnung erreicht werden (wie von CPEBach beschrieben), das mit Legato angebundene *d*² (Zählzeit 3) soll danach sanft angeschlagen und nicht zu lange ausgehalten werden. Auf diese Weise ist auch auf der Orgel eine quasi-dynamische Darstellung möglich. Wer würde sich bei diesen Takten Wilhelm Friedemann Bachs nicht an Stücke seines Vaters erinnern? Der Cembalist an den Beginn der Toccata e-moll BWV 830/1, die Organistin an das Es-dur-Präludium BWV 552/1 (→ S. 51). Es ist kaum zu bezweifeln, dass auch Vater Bach die Feinheiten des neueren Vortrags wünschte.

Im gleichen Zusammenhang beschreibt CPEBach ein veritables Accelerando. Im langsamen Satz der sechsten Württembergischen Sonate h-moll (Wq 49/6, H 36) soll die steigende Sequenz »geschickt durch ein allmähliges gelindes Eilen« intensiviert werden, »welches kurtz darauf sehr wohl mit einem schläfrigen Anhalten im Tackte abwechselt«.[123]

Beispiel 16: CPEBach, Sonate h-moll Wq 49/6, Satz 2, Adagio non molto, T. 43–55

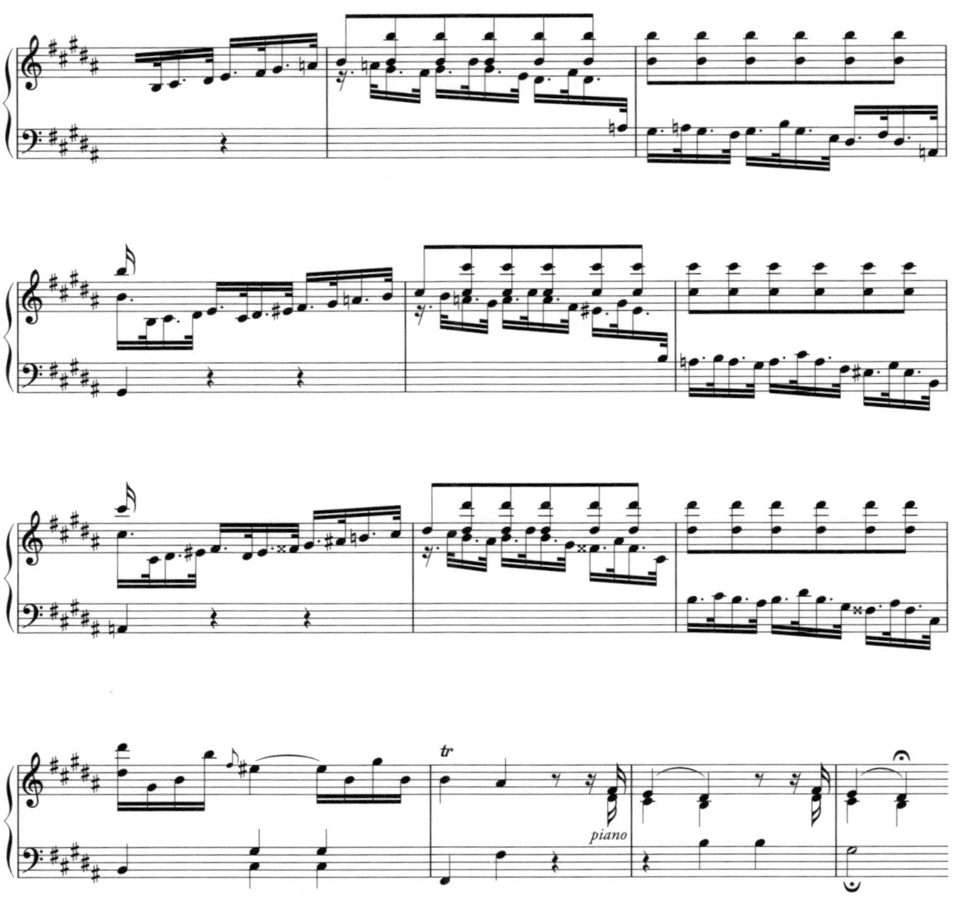

Man bedenke, dass diese Sonate noch zu Lebzeiten Johann Sebastian Bachs komponiert wurde. Freilich nimmt die improvisatorische Freiheit im Zeitalter der sogenannten freien

123 CPEBach, *Versuch*, S. 129. Die Ausgabe der Württembergischen Sonaten durch Rudolf Steglich (Nagels Musik-Archiv, Nr. 22, Hannover 1928) weist in einer Fußnote auf dieses Accelerando hin. Darrell M. Bergs Auswahl-Ausgabe (Henle, München 1986) bietet zwar eine interessante spätere Fassung, das Accelerando wird jedoch nicht erwähnt.

Fantasie noch extremere Formen an.[124] Dennoch darf diese Äußerung, beinahe aus J. S. Bachs Haushalt in der Thomasschule, hier nicht fehlen. Die Veröffentlichung der vier Teile der Klavier-Übung (1726 bis ca. 1742) legt ein beredtes Zeugnis davon ab, wie Bach sich den neuen Tendenzen geöffnet hat; dies allerdings immer auf der Basis seiner traditionellen kontrapunktischen Orientierung.

Zu den galanten Elementen gehört auch das Verkürzen von einzelnen Tönen, das Staccato. In den Weimarer Werken bedeutet es eher, wie bei Vivaldi, ein *marcato*, so im Largo der Bearbeitung des Vivaldi-Konzerts G-dur/F-dur BWV 978. In späterer Zeit aber kann das Staccato recht verschiedene »Farben« annehmen. Friedrich Wilhelm Marpurg: »Wenn also in der Musick alles so ungemein verschieden ist, so muß es eine unendliche Verschiedenheit der Töne geben, die zu einer guten Execution [Ausführung] nöthig sind. Ich meyne nicht die Höhe oder Tiefe der Töne; ich habe deren Stärcke und Schwäche im Sinn, und ob sie ausgehalten, abgestossen, zärtlich, rauh, scharf, dehnend, schleppend, hüpfend, springend, reissend, scherzhaft, schlapp, gezogen, matt, rasend u. d. g. seyn sollen«.[125] So scheint es nicht unnütz, sich bei staccatierten Noten zu fragen, welche von diesen (oder auch selbst imaginierten) Charakterbezeichnungen am passendsten sein könnten. Im Es-dur-Präludium BWV 552 (T. 33) würde ich einen lockeren, freundlichen *affetto* vorschlagen, bin aber überzeugt, dass viele Kolleginnen und Kollegen einen anderen Vorschlag bereit hätten. Auf ein breites Einverständnis dürfte indes der Unterschied zu den Staccati im h-moll-Präludium BWV 544 (T. 18) stoßen; hierzu passt eher rauh, hammerartig. So hilft uns Marpurgs Bemerkung, die eigene Vorstellung beim Spielen zu schärfen.

Mit dem Begriff »Deklamation« (Hervorhebung von wichtigen Punkten) lässt sich bei vielen Leipziger Werken Bachs eine detailreiche Ausgestaltung des Spiels zusammenfassen, besonders hinsichtlich der rhythmischen und quasi-dynamischen Dimension. Zu beachten ist die Differenz zu strenger organisierten Werken: Im Präludium h-moll BWV 544 soll deklamiert werden, in der zugehörigen Fuge genügt ein atmendes Schreiten.

124 CPEBach, *Versuch*, Zweiter Teil, S. 325; Wilhelm Friedemann Bach, Klavierfantasien, hrsg. von Peter Schleuning, Edition Schott 6122.

125 Marpurg, *Critischer Musicus an der Spree*, S. 216.

DIE »HOHE SCHULE« DES ORGELSPIELS

Zur Praxis der Verzierungen

Wenn wir einen barocken Kirchenraum oder den Saal eines Schlosses betreten, sind meist die Stukkaturen und Rocaillen als wesentliche Elemente offenkundig; der Raumeindruck wäre ärmer, ja entstellt, wenn sie fehlen würden. So gehören auch in der Ausführung von Musik die schmückenden Ornamente unabdingbar dazu. CPEBach umschreibt ihre Bedeutung so: »Sie hängen die Noten zusammen; sie beleben sie; sie geben ihnen, wenn es nöthig ist, einen besondern Nachdruck und Gewicht; sie machen sie gefällig, und erwecken folglich eine besondere Aufmercksamkeit; sie helffen ihren Jnhalt erklären; es mag dieser traurig oder frölich oder sonst beschaffen seyn wie er will, so tragen sie allezeit das ihrige darzu bey.«[126]

Anweisungen für die Ausführung der Verzierungen erhalten wir nicht nur durch die besonders in Frankreich beliebten Tabellen, sondern auch durch die mechanischen Musikinstrumente (Orgelwalzen, Flötenuhren). Während aus den Tabellen ein eher dogmatisches »so muss man spielen« aufzuleuchten scheint, belegen Transkriptionen nach den bestifteten Walzen von Flötenuhren einen unorthodoxen Umgang mit immer wieder gestellten Fragen (z. B. Trillerbeginn von der Neben- oder von der Hauptnote). Für das Basiswissen zur Verzierungslehre sei auf die Publikationen von Isolde Ahlgrimm, Frederick Neumann und Hans Klotz verwiesen.[127]

Die wichtigsten Verzierungen hat Johann Sebastian Bach für seinen ältesten Sohn Wilhelm Friedemann zu Beginn des für ihn bestimmten Klavier-Büchleins (1720) aufgezeichnet. Einige Jahre früher hatte er die Verzierungstabelle aus den *Pièces de Clavecin* von Jean Henry d'Anglebert kopiert.[128] Die reich verzierte französische Musik war ihm wichtig: eigenhändig hat er das Orgelbuch von Nicolas de Grigny und die Cembalo-Suiten von François (Charles) Dieupart abgeschrieben, dazwischen eben die umfangreichste französische Tabelle von d'Anglebert (1689). Könnte Bach uns deutlicher sagen, dass er die Kenntnis dieser Sparte für unabdingbar hielt?

Zu einigen frühen Bach-Werken haben sich stark verzierte Fassungen erhalten, die nahelegen, dass der junge Meister selber eine brillante Spielweise nicht verschmäht hat. Genannt seien die Canzona d-moll BWV 588, die Toccata G-dur BWV 916 und die Pièce d'Orgue BWV 572.[129] Ohne weiteres verständlich ist das virtuose Triller-Festival in der G-dur-Toccata (die übrigens auf der Orgel hervorragend klingt – einem Händel-Concerto vergleichbar). Bei der

126 CPEBach, *Versuch*, S. 51.

127 Vgl. das Literaturverzeichnis.

128 Diese Tabellen sind faksimiliert in NA, Bd. 8, S. 23–24.

129 Zu BWV 916 siehe NBA V/9.1, S. 114–121. Die beiden anderen Werke sind in NA, Bd. 4 zu finden, BWV 588 auf S. 165–168, BWV 572 online.

Pièce d'Orgue denkt man unwillkürlich an eine Anlehnung an französische Muster: in den Orgelbüchern von Couperin, Raison, Marchand und anderen sind die Stücke im *Grand Plein-Jeu* in ähnlicher Weise ausgeschmückt wie der Mittelteil von BWV 572 in der von Johann Peter Kellner überlieferten Fassung. Am wenigsten einleuchten mag die opulent verzierte Canzona. Sie basiert indes auf einer Handschrift von Johann Gottlieb Preller, der um 1740–50 in Weimar ausgebildet wurde und dort möglicherweise noch Nachwirkungen von Bachs Weimarer Schaffen aufnehmen konnte. Nur mit einer hervorragend entwickelten Verzierungstechnik klingt das Stück gut.

In der Leipziger Zeit offeriert Bach seinem Publikum eine sparsame, wohl überlegte Auszierung in sorgfältig redigierten Ausgaben (→ S. 10). Einige Überlegungen zu diesem späten Verzierungsstil Bachs finden sich im Band 8 der NA. Erfahrungsgemäß sind die Vorschlagsnötchen, die »one-note-graces«, besonders schwierig zu realisieren. Das war schon um 1750 ein Thema: CPEBach, J. J. Quantz, F. W. Marpurg und L. Mozart können sich nicht darüber einigen. Es geht vor allem darum, ob dieses einzelne Nötchen auf oder vor dem Schlag zu spielen sei. Während sich der zweitälteste Bach-Sohn gegen die »heßlichen Nachschläge« verwehrt, war es wohl vor allem auf der Flöte (Quantz) bequem und elegant, die abwärts führenden Zwischentöne melodisch einzufügen, sie gleichsam herunterkullern zu lassen.[130]

Auf dem Tasteninstrument können wir – einmal mehr – von den französischen Anweisungen lernen. Die Verbindung vom Vorschlag *(port de voix)* zur Hauptnote wird von André Raison (1688) und Jean-Philippe Rameau (1724) so beschrieben, dass die Vorschlagsnote nach dem Anschlagen der Hauptnote noch einen Moment weiterklingen soll.[131] Diese Überlegato-Technik verbindet man landläufig mit dem Cembalo; bei Raison handelt es sich aber explizit um ein Orgelbuch. Die ganz enge Verbindung zweier Töne ist generell eine wichtige Facette des Anschlags auf Tasten. Man kann sie so beschreiben: der zweite Ton soll nicht vorrangig durch einen Fingerimpuls angeschlagen werden, vielmehr wird das Gewicht des ersten Tons gleichsam hinübergezogen auf den zweiten (im Körpergefühl ist diese melodische Verbindung im Handrücken beheimatet). Selbstverständlich gewinnen auch Legatobögen über zwei Noten, etwa in »O Lamm Gottes, unschuldig« BWV 618, durch diese Vorstellung an Plastizität. Nebenbei sei angemerkt, dass Raisons *port de voix* vor dem Schlag notiert ist, was in Frankreich einer langen Tradition entspricht und erst etwa bei François Couperin der Ausführung *auf* den Schlag weicht.

Ein Lehrstück zu den Vorschlägen ist die Sarabande der Cembalo-Partita G-dur BWV 829. Darin gibt es kleine Vorschlagsnötchen in Form einer Achtel, andere in Form einer Sechzehntel:

130 CPEBach, *Versuch*, S. 70; Quantz, *Flötenschule*, S. 78f.

131 André Raison, Livre d'Orgue contenant cinq Messes, Faksimile Editions J. M. Fuzeau, Courlay 1993, Vorwort »Au Lecteur« mit Verzierungstabelle; Jean-Philippe Rameau, Pieces de Clavessin avec une methode pour la mechanique des doigts (zweite Sammlung, 1724), Verzierungstabelle (Heugel-Ausgabe, ed. Kenneth Gilbert, Paris 1978, S. 14).

Beispiel 17: J. S. Bach, Partita G-dur BWV 829, Sarabande, T. 1ff.

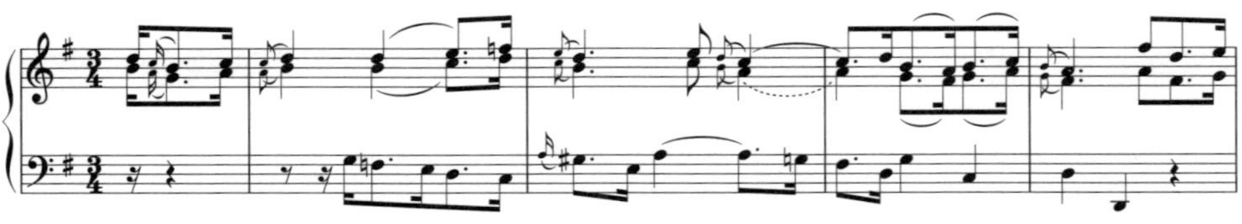

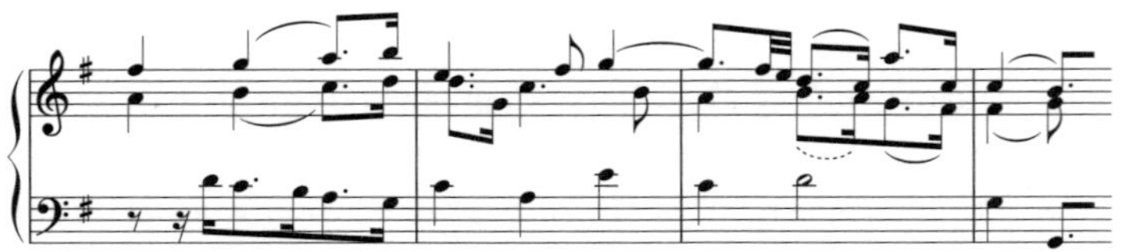

Überraschend ist das gleichzeitige Auftreten von Achtel- und Sechzehntelvorschlag in T. 2: es versteht sich, dass der Wert der Hauptnote auf das Spiel des kleinen Nötchens durchschlägt, genauer: beim *gis* in der linken Hand kann ich nicht sehr lange auf dem Vorschlagston *a* verweilen, da die Hauptnote recht kurz ist. Nun könnte man auf die Idee kommen, die rechte Hand daran anzupassen. Abgesehen von den daraus resultierenden Quintparallelen ist leicht zu erproben, dass die durch die Notation vorgeschlagene Lösung um vieles eleganter klingt: in der rechten Hand erlaubt die Länge der Hauptnote, den Vorschlag etwas länger auszudehnen. Die Koordination der beiden verschieden langen Vorschläge verlangt freilich einiges an Übung. Bemerkenswert ist zudem der als Viertel notierte (in den Takt eingeteilte) Vorschlag in T. 8. Während CPEBach auch das kleine Nötchen öfter als Viertel oder gar Halbe schreibt, wählt sein Vater in der Regel die Notation als normal große Note mit Bogen. In den Leipziger Werken sind diese galanten Bindungen geradezu ein Markenzeichen des aktuellen Stils. Man erinnere sich an die von CPEBach verlangte Dehnung; sicherlich würde er über die Note, bei der der Bogen beginnt, ein kleines Kreuz setzen (→ S. 62).
Einen konkreten Blick in die Praxis vermitteln uns die Orgelwalzen, auf denen Stücke von Georg Friedrich Händel aufgezeichnet wurden. Das *Minuet* aus der Ouvertüre zur Oper *Arianna* (1734) ist sogar in Notenschrift erhalten, offenbar als Vorlage für den Walzenstecher. Im folgenden Notenbeispiel gibt die erste Zeile diese Aufzeichnung wieder (nach Jan Jaap Haspels), die zweite Zeile die Transkription nach der Walze der *Christie's Handel/Clay clock* von 1737–1740 (Jan Jaap Haspels), die dritte Zeile nach der um 1738 zu datierenden *Braamcamp*-Orgelwalze (Pieter Dirksen).[132]

132 Jan Jaap Haspels, *Automatic musical Instruments – their mechanics and their music 1580–1820*, Diss. Utrecht 1987, Nirota, Koedijk, S. 184 und 210; Pieter Dirksen, *Eine wenig bekannte Quelle zur Aufführungspraxis bei Georg Friedrich Händel*, Händel-Jahrbuch 2007, S. 284.

Beispiel 18: G. F. Händel, Ouvertüre zu »Arianna«, Menuett

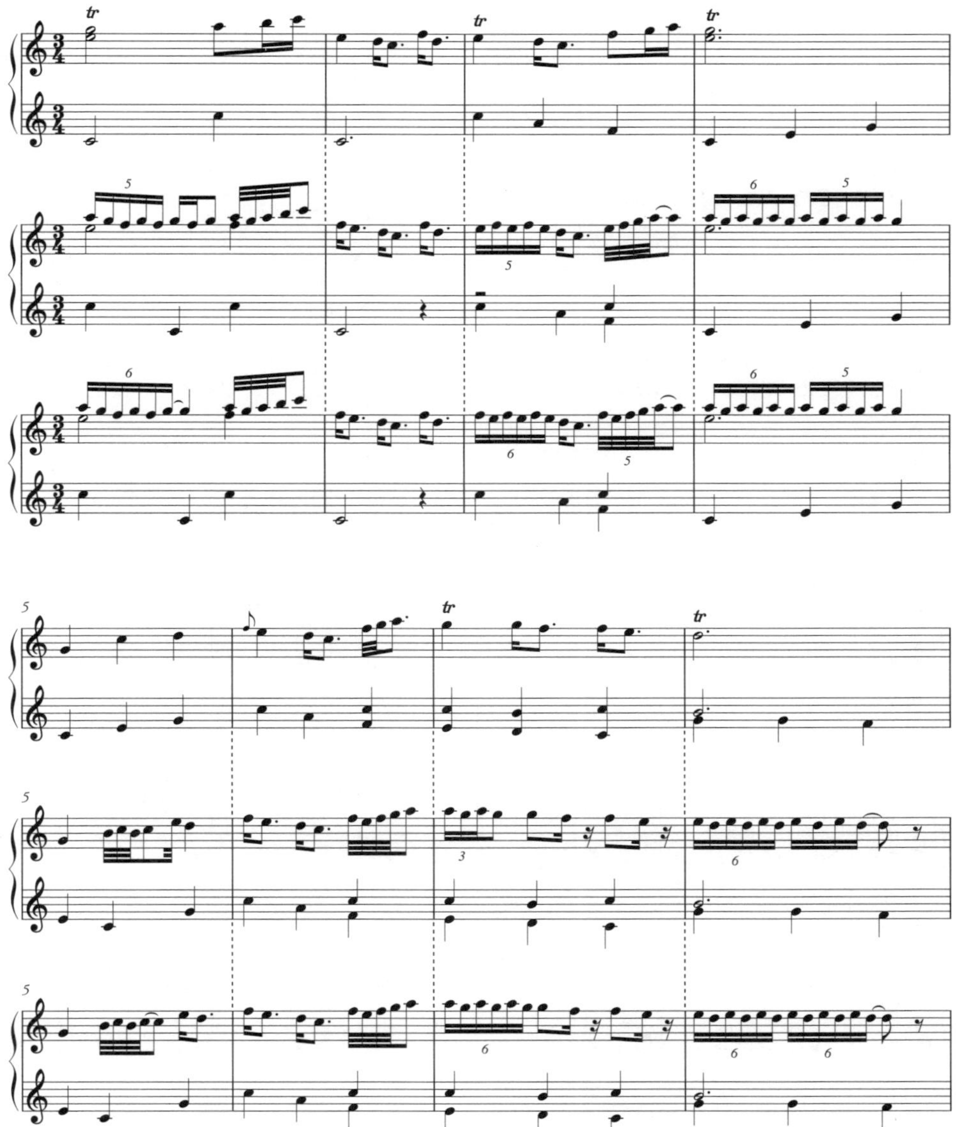

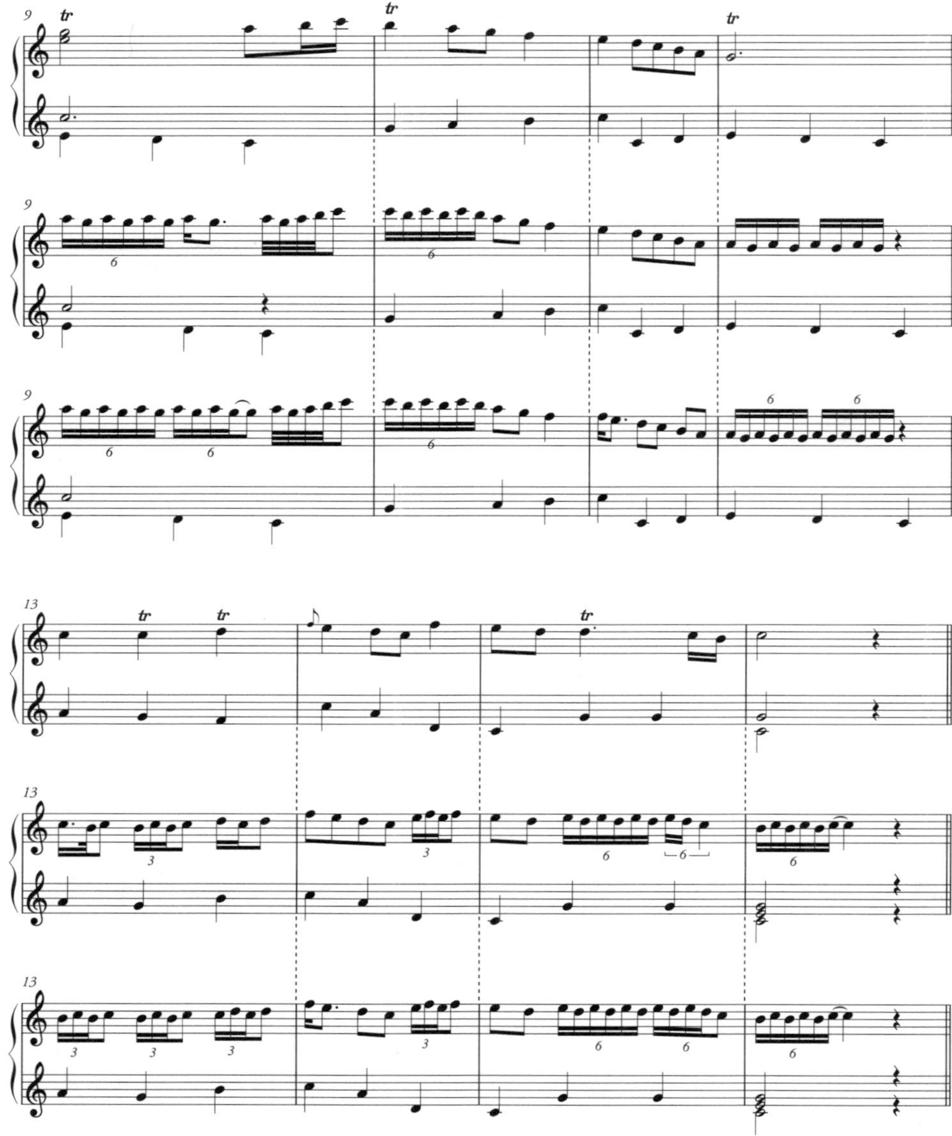

Wie viel Varietät ist aus diesen Aufzeichnungen abzulesen! Ein *tr*-Zeichen kann auch als Mordent gespielt werden, zudem ist in T. 1 ein Mordent mit Vorschleife zu sehen, eine Verzierung, die ich in den Tabellen nicht gefunden habe. Phantasievoll sind schleiferartige, nach oben strebende Floskeln verwendet (T. 1, T. 3, T. 6). In T. 3 beginnt die *Clay clock* einen Triller mit der Hauptnote, die *Braamcamp* mit der Nebennote. Man beachte die rhythmische Varietät in T. 7: beide Uhren verwandeln den lombardischen Rhythmus in »Seufzer« und realisieren sogar das kurze Abziehen der unbetonten Note durch eine nachfolgende Pause. Den T. 5 in der *Clay clock*-Notation wird man als Vorschlag *vor* der Zeit lesen, während *Braamcamp* diesen *auf* den Schlag bringt.

Mit einem Mordent oder einem kurzen Triller einen rhythmischen Akzent zu setzen, ist spieltechnisch nicht allzu schwierig. Anspruchsvoller ist das subtile Integrieren von vielen kleinen Ornamenten in eine melodische Linie: diese sollen beleben, schmücken, und dazu braucht es ein ganz entspanntes Einfügen dieser Elemente in das Fließen der Melodie. Generell lohnt es sich zu überlegen, welche Wirkung durch eine Verzierung erreicht werden soll: 1) eine melodische Verbindung der Töne, 2) etwas Leeres in der Bewegung auszufüllen, 3) die Harmonie reicher zu machen, 4) »dem Gesange mehrere Lebhaftigkeit und Schimmer mitzutheilen«. Diese Anmerkung geht auf Johann Friedrich Agricola zurück; obwohl er speziell von den Vorschlägen spricht, vermittelt sie für alle Ornamente ein hervorragendes Denkmodell.[133]

> Verzierungen (im weitesten Sinne) gehören nur partiell zum eigentlichen Notentext. Auch wenn Bach eine Ausschmückung sorgfältig notierte, musste er damit rechnen, dass viele Ausübende die Ornamente zur freien, quasi-improvisierten Ebene des Spielens rechneten und entsprechend persönliche Züge zur Geltung kamen.

à 2 Clav. et Pedal — Manualwechsel

Mit dem gleichzeitigen Spiel auf zwei Klaviaturen (Manualen) der Orgel lassen sich klangliche Effekte erzielen wie beispielsweise die Darstellung einer quasi-solistischen Choralmelodie, die in eine neutralere Klangfarbe eingebettet ist. In Kombination mit einer Pedalstimme – also auf drei Ebenen – wurde diese Technik besonders in Norddeutschland gerne verwendet; Bach wird sie dort kennengelernt und daraufhin übernommen haben. Heinrich Scheidemann, Dieterich Buxtehude, Georg Böhm und andere haben die verzierte (kolorierte) Darstellung eines Kirchenliedes gepflegt, und so sind es auch bei Bach mit hohem Raffinement belebte Melodien (seien es Choräle oder freie Kantilenen), für die ein zweimanualiges Spiel verlangt wird. Berühmte Beispiele sind »O Mensch, bewein dein Sünde groß« BWV 622 aus dem Orgelbüchlein und das von Mendelssohn und Schumann hoch geschätzte »Schmücke dich, o liebe Seele« BWV 654. Beliebte Solo-Registrierungen sind Quint-Terz-Mischungen (Sesquialtera, auf französisch orientierten Orgeln Nazard und Tierce, Cornet) oder Zungenregister (Krummhorn, Dulcian, Vox humana). Schon oben wurde darauf hingewiesen, dass

133 Agricola/Tosi, *Anleitung zur Singkunst*, S. 59.

Bach die Sesquialtera-Farbe sehr geliebt hat (→ S. 20). Zur Begleitung nehme man – wie Samuel Scheidt schon 1624 bemerkt – Prinzipal 8' oder Flöten der 8'- und 4'-Lage.[134]
Damit ist natürlich nur das einfachste Muster beschrieben. Schon in jungen Jahren wollte Bach die Großform der sogenannten norddeutschen Choralfantasie kennenlernen, indem er Johann Adam Reinckens »An Wasserflüssen Babylon« (ein Werk von fast 20 Minuten Spieldauer) und Buxtehudes »Nun freut euch, lieben Christen gmein« BuxWV 210 abschrieb (→ S. 11).[135] In diesen großformatigen Choraldarstellungen müssen wir auch klanglich mehr Substanz bieten; glücklicherweise gibt es dazu ein Rezept in der Organisten-Chronik von Johann Kortkamp: im Oberwerk kombiniert man Trompete 8', Zinke 8' (eine Diskant-Zunge), Hohlflöte 4', Nasat 3' und Gemshorn 2'; auf dem Rückpositiv, das nicht nur Begleitfunktion hat, sondern auch thematische Elemente ins Spiel bringt, ist Prinzipal 8' und Oktav 4' zu ziehen.[136] Ein Bach-Werk in dieser Tradition ist erst im Jahr 2008 bekannt geworden: die Fantasie über das Lied »Wo Gott, der Herr, nicht bei uns hält« BWV 1128.[137] Ganz in norddeutscher Art wird die solistische Stimme nicht nur im Sopran, sondern auch in Tenor- oder Basslage geführt. Dafür ist es angezeigt, mit Zungenregistern zu agieren, da so die klangliche Präsenz in tiefen Lagen am besten gewährleistet ist (vgl. »Ein feste Burg« BWV 720, → S. 20).
Den Dialog zweier Manuale in *freien* Werken anzuwenden – diese Idee dürfte auf die Konzertbearbeitungen nach Vivaldi und Johann Ernst von Sachsen-Weimar BWV 592–596 zurückgehen. Als organistisches Pendant zum Violin-Solo wird das Register Prinzipal 4' verlangt, expressis verbis zu Beginn des d-moll-Konzerts BWV 596 (→ S. 19), aber ohne Zweifel auch in den großen Soli des C-dur-Konzerts BWV 594 (bei Vivaldi »Grosso Mogul« genannt) anzuwenden.[138] Mit dieser Farbe (ohne 8'-Register) sind die hohen Lagen des virtuosen Violinparts realisierbar, womit Vivaldi seinen Ruhm als Geiger begründet hat (»denn er kahm mit den Fingern nur einen strohhalm breit an den steg daß der bogen keinen plaz hatte«[139]).
In phantasievoller Weise überträgt Bach den Streichersatz Vivaldis auf die Orgel: die Solo-Stimme kann sowohl im Rückpositiv als auch im Oberwerk platziert werden, die Stimme Violino IV wird mit dem rechten Fuß im Pedal ausgeführt. Siehe dazu die Überlegungen zum a-moll-Konzert BWV 593 (→ S. 85) und die Bemerkungen von Pieter Dirksen in NA, Bd. 5.
Wohl im Anschluss an die Konzertbearbeitungen, vermutlich um 1716, entstand die »dorische« Toccata d-moll BWV 538, *à 2 Clav. et Ped.*, ein Schlüsselwerk für den Manualwechsel. Zwar hat man zunächst den Eindruck, die Klangfarbe des Positivs (T. 14) vertrete die solistisch-violinistische Ebene (T. 13); später aber folgt ein dialogartiges Hin-und-Her zwi-

134 Samuel Scheidt, Tabulatura Nova, 3. Teil, Vorwort.
135 Weimarer Orgeltabulatur (Faksimile).
136 Beckmann, *Norddeutsche Schule*, S. 281.
137 NA, Bd. 10, S. 165.
138 Darauf hat erstmals Luigi Ferdinando Tagliavini hingewiesen; vgl. Pieter Dirksen in NA, Bd. 5, S. 15–16.
139 Reisetagebuch des Johann Friedrich Armand von Uffenbach, Venedig 1715, zitiert nach Michel Talbot, *Antonio Vivaldi*, Stuttgart 1985, S. 76.

schen den Manualen und gipfelt endlich in einer regelrechten Triostelle (T. 78). Hier wird vollends klar, dass die beiden Manuale klanglich gut ausbalanciert sein müssen, damit beide Stimmen deutlich wahrnehmbar sind. Im Oberwerk ein kraftvolles Tutti und im Positiv eine solistische Klangfarbe zu registrieren, ist also verfehlt; auch wenn Bach sich durch Vivaldis Konzerte anregen ließ, wollte er offenbar die zwei Manuale der Orgel im Sinne eines Dialogs eingesetzt wissen. Bachs Weimarer Orgel stellte im Oberwerk Prinzipal-Register, im Positiv aber eine Trompeten- oder eine Sesquialtera-Registrierung zur Verfügung.[140] Solcherart kontrastierende Klangfarben sind zweifellos für Hörerinnen und Hörer von Gewinn.

Als hohe Schule des Orgelspiels gelten seit alters die sechs Orgelsonaten *à 2 Clav. et Pedal* BWV 525–530. Vermutlich hat sich Bach durch italienische Triosonaten für zwei Violinen und Generalbass anregen lassen und diesen Satztypus für die Orgel nutzbar gemacht. Zwar gibt es sowohl in Frankreich als auch bei Georg Böhm dreistimmige Orgelwerke auf zwei Manualen mit Pedal, doch handelt es sich um Stücke ruhigeren Charakters. Den konzertanten Allegro-Stil finde ich erst bei Bach, wohl zuerst bei den Choraltrios über »Allein Gott in der Höh sei Ehr« BWV 664a und »Herr Jesu Christ, dich zu uns wend« BWV 655a. Um die volle Unabhängigkeit der beiden Manualstimmen und des mit den Füßen auszuführenden Basso continuo zu meistern, ist ein stabiler Sitz auf der Orgelbank unerlässlich. Dieses Gleichgewicht ist bei den meisten Spielern erst durch jahrelanges Training zu erreichen; nimmt man sich vor, alle sechs Sonaten zu erarbeiten, so gesellt sich zur Arbeit das Vergnügen. Pieter Dirksen hat vorgeschlagen, die Registrierung nach Anleitung des Bach-Vivaldi-Konzerts d-moll BWV 596 (→ S. 19) ganz auf Prinzipale zu beschränken.[141] Das klingt mit wirklich singenden Prinzipalen (etwa an der Hagerbeer-Schnitger-Orgel in Alkmaar/NL) hervorragend – aber die allermeisten Organisten müssen sich mit minderer Qualität begnügen. Dass man in diesem Fall mit viel Phantasie und Geschmack nach der klangschönsten Lösung suchen soll, mag sogar aus dem oben gegebenen Zitat über Bachs Orgelspiel abgeleitet werden: »Sodann erschien seine Kunst des Registrirens für ein Trio, ein Quatuor etc.« (→ S. 19).

Die Frage von Manualwechseln in Präludien und Fugen hat die Gemüter seit jeher bewegt und wird es auch weiterhin tun. Mit hoher Wahrscheinlichkeit war Bach bei Präludien und Toccaten offener für den Dialog zweier Manuale als bei Fugen. Bei der Bearbeitung von Vivaldis Concerto d-moll BWV 596 setzt Bach zwei Manuale ein – außer bei der Fuge, wo Vivaldis Tutti-Solo-Anlage *nicht* übernommen wird. In einigen Präludien bzw. Fantasien sind Wechsel zu einem quasi-solistischen Manual technisch einfach zu realisieren, besonders klar ist dies in der Fantasie g-moll BWV 542/1, wo für die imitierenden Abschnitte T. 9–14 und T. 25–31 eine andere Klangfarbe sinnvoll ist.[142] Etwas weniger eindeutig lassen sich die drei Manualiter-Abschnitte im h-moll-Präludium BWV 544 herauslösen. In Analogie zur

140 Disposition von Bachs Weimarer Orgel in NA, Bd. 5, S. 16, und bei Wolff/Zepf, *Bachs Orgeln*, S. 105.
141 NA, Bd. 5, S. 8–9; Dirksen empfiehlt, die linke Hand eine Oktave tiefer mit einer Registrierung auf 4'-Basis zu spielen.
142 Vgl. dazu Pieter Dirksen in NA, Bd. 3, S. 9.

»dorischen« lässt sich auch die F-dur-Toccata BWV 540 mit dialogartigen Wechseln ausstatten; die Analogie geht bis zu den drei »Triostellen« (T. 218–238, T. 270–290, T. 331–352), wo die beiden Manuale gleichzeitig agieren können. Oft aber wäre ein Klangwechsel beim Beginn eines gegenthematischen Abschnitts so komplex, dass eher eine Störung des Zusammenhangs die Folge wäre. Die sogenannte Forminterpretation, bei der jedem Themenkomplex sozusagen seine eigene Klangfarbe zugeordnet wird, ist – wohl zu Recht – eher aus der Mode gekommen (→ S. 101f. zum Präludium c-Moll BWV 546).[143]

Der raffinierteste Manualwechsel, von Bach selbst angeordnet, findet sich in der Ouvertüre in französischer Art BWV 831 für ein Cembalo mit zwei Manualen. Solistische Motive mit einfachen Akkordbrechungen werden auf dem *piano*-Manual gespielt; die Rückkehr zur Hauptthematik geschieht jeweils beim Eintritt der Themen (Sopran T. 89, Mittelstimme T. 91, »Tenor« T. 93, Bass T. 95).

143 Keller, *Orgelwerke Bachs*, S. 34–36. Hans Klotz, *Studien zu Bachs Registrierkunst* (Breitkopf & Härtel, Wiesbaden 1985, S. 86–88) zeigt, wie solche Wechsel gemacht wurden; dagegen meint Peter Williams (Bd. 1, S. 188): »In jedem Fall ist der Manualwechsel im Mittelteil zu vertrackt, wenn der Spieler den kontinuierlichen Fluß aufrechterhalten soll«.

Beispiel 19: J. S. Bach, Ouvertüre in französischer Art BWV 831, T. 86–95

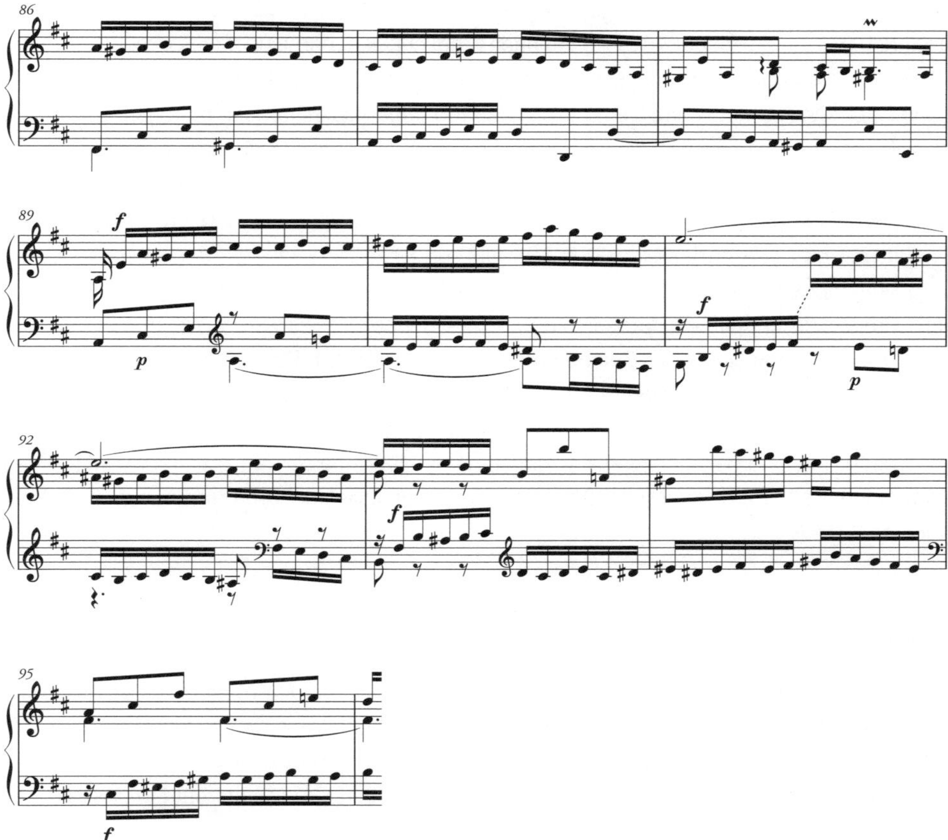

Viel Geschick benötigen auch die Manualwechsel in den schnellen Sätzen des Concerto F-dur *nach italiänischem Gusto* BWV 971. In beiden Fällen handelt es sich um Cembalowerke aus der Leipziger Zeit. Erstaunen mögen die zahlreichen engmaschigen, beinahe akrobatischen Wechsel im frühen Concerto C-dur nach Johann Ernst von Sachsen-Weimar BWV 595.

Bachs Anweisung »Fuga pro Organo pleno« – so bei der Es-dur-Fuge in Klavier-Übung III – scheint für viele Jahrzehnte gültig gewesen zu sein. Im Laufe des 19. Jahrhunderts entwickelte sich aber nach dem Vorbild der Orchesterdynamik eine neue Ästhetik, die in der »Crescendo-Fuge« von Max Reger gipfelte.

Felix Mendelssohn Bartholdy findet es für die Heilig-Geist-Fantasie BWV 651 »vielleicht angemessen nach dem Schluss der einzelnen Perioden des Cantus firmus hie und da die Register

zu ändern, und die Stärke bis zum Schluss hin zu steigern«.[144] Zu der wohl auf Mendelssohn zurückgehenden Interpretation der Passacaglia c-moll BWV 582 siehe S. 94.
Heinrich Reimann verlangt 1889 »einen nach Möglichkeit dynamisch abgetönten Vortrag der Orgelcompositionen« und möchte »der handwerksmässigen ‚grobschmiedartigen' Behandlung Bach'scher Orgelwerke, die man nicht selten sogar als ‚historisch richtigen Vortrag' zu bezeichnen beliebt, einen lauten Protest« zurufen.[145] Als Anton Heiller im Jahr 1964 an der Christian-Müller-Orgel der St. Bavo-Kerk in Haarlem/NL die F-dur-Fuge BWV 540/2 im majestätischen Plenum vortrug, war von Seiten Marie-Claire Alains zu hören: »Non, ça ne va pas!«.
Indes gibt es noch in der Mitte des 19. Jahrhunderts Stimmen, die den unwandelbaren Orgelklang positiv einschätzen. So lesen wir bei August Gottfried Ritter: »Der Ton des Pianoforte lässt sich sinnbildlich darstellen durch >, der der Blase-Instrumente durch <> oder ><. Ein sinnliches Zeichen für den Ton der Orgel kann nur die gerade Linie sein. Er geht ohne alles Schwanken, ohne alle Biegsamkeit und Geschmeidigkeit geradeaus. Ein Wachsen und Vergehen, das Zeichen irdischen Lebens, gehört nicht zu seinen Eigenthümlichkeiten. Fest, sicher, unbeweglich und unwandelbar, gleich den granitnen Säulen des himmelanstrebenden Gebirgs, steht er da, für die Ewigkeit geboren und nur dem Ewigen dienend!«[146]

Agogik

An einer Sommer-Akademie trug ein junger Orgelspieler (ich kannte ihn vorher nicht) die Fantasie g-moll BWV 542/1 vor, ein Stück, in dem zweifellos eine gewisse Freiheit Platz finden muss. Die Interpretation war tatsächlich *frei*, hinterließ aber einen zwiespältigen Eindruck, den ich tiefer zu ergründen suchte. Im Sinne eines Experiments bat ich deshalb den Spieler, das Stück einmal im Metrum vorzutragen. Selber war ich hoch erstaunt zu bemerken, dass er das Experiment schlicht nicht zuwege brachte. Sein freies Spiel war so sehr fixiert, dass er davon nicht Abstand nehmen konnte.
Was also ist freies Spiel? Wie ein Windstoß, unerwartet, spontan, aus dem Moment heraus gestaltet? Der Begriff Agogik wurde 1884 durch Hugo Riemann geprägt, zweifellos meint seine ausdruckshafte Gestaltung etwas anderes als Frobergers Anweisung »à discretion, sans observer la mesure« (→ S. 55). Von Frescobaldi bis Riemann wurden für das freie Spiel Anweisungen gegeben; sicher ist es sinnvoll, zunächst solchen Regeln oder der Meinung eines Lehrers zu folgen, bevor man sich in der hier skizzierten *freien* Agogik versucht. Im Kapitel

144 15 Große Choral-Vorspiele für die Orgel von Johann Sebastian Bach, Breitkopf & Härtel, Leipzig 1846, Vorwort. Mit Dank an Jon Laukvik, Stuttgart.

145 Heinrich Reimann, Ueber den Vortrag der Orgelkompositionen Johann Sebastian Bach's, Allgemeine Musik-Zeitung, 18. Jg., No. 5 (1891), S. 200.

146 August Gottfried Ritter, *Theoretisch-praktische Anweisung im Orgelspiel, Kunst des Orgelspiels, 1. Theil*, Körner, Erfurt und Langensalza 1844, S. 71.

über Bachs Entwicklung sind viele Beobachtungen zur rhythmischen Gestaltung, zuerst zum Kontrastprinzip, im Abschnitt zum galanten Stil dann zur »klassischen« Agogik zu finden.
Im Folgenden sei exemplarisch die Polarität von »metrisch gebunden« und »frei« am – wie ich es nennen möchte – *freien Ausschwingen* in Fugen und weiteren Stücken aufgezeigt. In seiner letzten Orgel-Publikation, den *Fiori musicali* (1635), hat Girolamo Frescobaldi die Wendepunkte mit dem Vermerk *adasio* bezeichnet; noch in der Bach-Zeit haftet dem Begriff *Adagio* etwas von diesem »freier Werden« an – vielleicht nicht ein Windstoß, aber doch ein *Loslassen*, eine Befreiung von der regulierten Taktbewegung. Im ganzen 17. Jahrhundert ist dieses Phänomen präsent, bei jedem Komponisten wieder in spezieller Prägung, etwa bei Froberger, Weckmann, Buxtehude, Bruhns, Buttstett und vielen anderen. So verwundert es nicht, dass dieses »Ausschwingen« schon in ganz frühen Bach-Werken zu beobachten ist. Der Fuge C-dur über ein Albinoni-Thema BWV 946[147] haftet im kontrapunktischen Teil etwas leicht Gezwungenes an; mit der einstimmigen Passage (T. 46) befreit sich der vielleicht 14jährige vom Zwang zur Gelehrsamkeit und findet zu einem überzeugenden freien Ausklang. Ähnlich noch im Adagio der berühmten Toccata C-dur BWV 564: Hier sind die Akkorde (T. 23) strukturiert durch die quasi-ostinate Bassführung (man möge diesen Bass durch die Registrierung und durch die Artikulation in Szene setzen).
Nicht selten ist es das Pedal, das den freieren, rezitativischen Gestus anzeigt, etwa in den Fugen g-moll BWV 535 oder A-dur BWV 536. In der a-moll-Fuge BWV 543 ist das »Solo« zunächst noch begleitet von Akkorden, erst danach ganz ungebunden. Selten wird die Freiheit durch einen Überraschungseffekt eingeleitet, etwa beim Pedaleinsatz auf *fis* in der Fuge c-moll BWV 575. Zu einem selbständigen Abschnitt hat sich ein solcher Ausklang in der *Bononcini-Fuge* BWV 574 (früher *Legrenzi-Fuge*) gemausert; kürzlich erst wurde die Bezeichnung *Cadenza – Adagio* (T. 105) bekannt.[148]
In einigen Präludien des Wohltemperierten Klaviers I (1722) hat Bach die Erstfassungen durch einen rezitativischen Anhang erweitert. Man vergleiche die frühen Fassungen der Präludien D-dur und d-moll (NBA V/6.1, S. 146 und S. 150) mit der bekannten Gestalt. Im Contrapunctus 7 (per augmentationem et diminutionem) der Kunst der Fuge BWV 1080 bereitet eine einstimmige Passage den Schluss vor. Ins gleiche Kapitel gehören die Generalpausen kurz vor Abschluss eines Werks (Passacaglia c-moll, Präludium und Fuge C-dur BWV 547). Sein Leben lang hat Bach die Polarität von »metrisch gebunden« und »frei« geliebt und immer wieder neu gestaltet.
Die hier skizzierte Art von Agogik betont vor allem den Freiraum der Gestaltung. Eine Bestätigung finde ich in der *Vollständigen theoretisch-practischen Pianoforte-Schule* op. 500 von

147 NA, Bd. 3, S. 76.
148 NA, Bd. 3, S. 84.

Carl Czerny (1791–1857);[149] für eine viertaktige romantische Phrase werden vier mögliche agogische Ausgestaltungen zur Wahl gestellt:

Beispiel 20

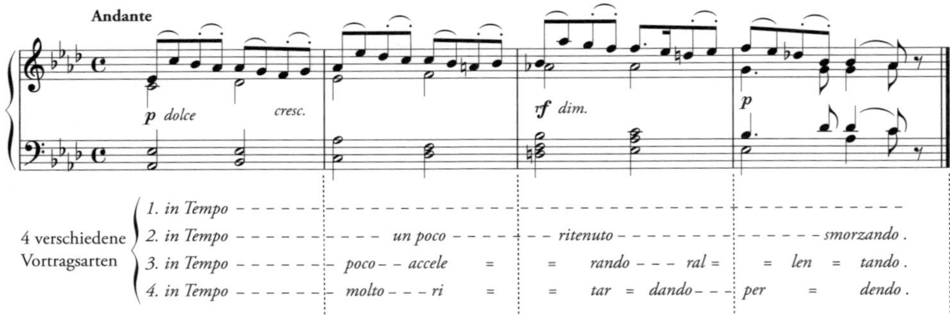

Die erste lautet »in Tempo«! Die übrigen selber zu erproben, mag eine Vorstellung davon vermitteln, was hier mit »Freiraum« gemeint ist.[150] Offenbar war auch Beethoven dieser Freiheit zugetan, wird doch von ihm berichtet, er habe »seine Kompositionen beinahe jedesmal anders vorgetragen«.[151] Zu drei Interpretations-Modi von Franz Liszt vgl. unten (→ S. 81). Auch die psychische Befindlichkeit der Ausübenden sollte etwas von dieser Freiheit atmen: »Ferner muß der Vortrag oder die Ausführung eines Stückes leicht und fliessend seyn. Wenn man mercket, daß der Thonkünstler nur mit Angst arbeitet, und alle Augenblicke fürchtet, zu fehlen, so machet dieses dem Zuhörer zugleich Angst und Furcht. Auch hierinn ist besser, mit einem galanten Leichtsinn einige Fehler zu machen, als pedantisch gar zu sorgsam zu seyn«.[152] Fehler ereignen sich oft wegen zu großer Anspannung. So ist »galanter Leichtsinn« eine hervorragende Therapie, wobei das Wort Leichtsinn noch nicht den negativen Beigeschmack hatte wie heute. »Munterkeit und Leichtsinn« sind bei Georg Christoph Lichtenberg ein Gegensatzpaar zu »Trübsinn und Ängstlichkeit«.[153]

149 Czerny, *Von dem Vortrage*, S. 25.

150 Hingewiesen sei nochmals auf den Quellenfund zur Cembalo-Toccata d-moll BWV 913 (→ S. 57), durch den neue Aspekte rhythmischer Gestaltung aktenkundig wurden.

151 Adolf Bernhard Marx, *Anleitung zum Vortrag Beethovenscher Klavierwerke*, Otto Janke, Berlin 1863, zitiert nach der 3. Auflage, Berlin 1898, S. 62.

152 Marpurg, *Critischer Musicus an der Spree*, S. 209.

153 Lichtenberg-Studien, Bd. 2, Göttingen 1989, S. 46.

Zum Werkbegriff – improvisatorischer Zugang

Schon die Verzierungspraxis vermittelt einen Eindruck, wie freizügig wir uns die musikalische Interpretation im 18. Jahrhundert vorzustellen haben. Der wohl aus dem 19. oder gar aus dem frühen 20. Jahrhundert stammende Werkbegriff ist seit einigen Jahrzehnten stark ins Wanken geraten: Wie unantastbar ist eine Bachsche Schöpfung? Hat nicht Bach selber oft Veränderungen angebracht? Anpassungen waren nötig durch veränderte Bedingungen, beispielsweise andere Besetzungen bei Kantaten. Doch auch beim Abschreiben von Notentexten ist ein freier Umgang nicht so selten zu beobachten; ein instruktives Beispiel dafür ist der Nürnberger Organist Leonhard Scholz (1720–1798). Vom Standpunkt des Herausgebers eines Bach-Werkes werden seine Fassungen gern als Entstellung gebrandmarkt; man kann aber seinem Zugriff auch positive Seiten abgewinnen. Scholz bemächtigt sich eines Motivs aus dem Trio »Herr Jesu Christ, dich zu uns wend« BWV 655, gibt ihm eine etwas andere Gestalt, zudem adoptiert er weitere Motive und Sequenzmuster des Meisters. Vielleicht aus Zwängen der zur Verfügung stehenden Orgeln (Manualumfang nur bis a^2, kurze Bassoktav), vielleicht, weil in Nürnberg eine andere Melodiefassung des Liedes gesungen wurde, vielleicht aus einem rein spielerischen Motiv heraus entsteht so ein neues/altes Stück.[154]
Wenn wir uns nun selber einer solchen Aufgabe stellen, so mag daraus in ähnlicher Weise eine neue »Kreation« entstehen. Aber auch in bescheidenerem Rahmen können die Themen, die Motive, die uns beim Spielen Bachscher Werke begegnen, zu eigenem Tun anregen. Was hätte Bach mit diesem oder jenem Motiv noch weiter anstellen können? Improvisierend mögen wir dies erproben und kommen dadurch der handwerklich-kompositorischen Basis Schritt um Schritt näher. Diese Gedanken beruhen auf dem Konzept von Rudolf Lutz, dessen Aufbauarbeit mit dem Ziel einer Improvisation im Stil der Bach-Zeit hohe Anerkennung gefunden hat.[155] Im Grunde macht ein Bachschüler wie Johann Ludwig Krebs etwas Ähnliches: er kennt die Werke seines Meisters durch und durch; aus diesem Fundus schöpft er und fügt die Elemente zu einem neuen Ensemble zusammen. Gelegentlich ist sein Bach-Enthusiasmus so groß, dass seine Stücke länger werden als das Vorbild, nicht unbedingt zu ihrem Vorteil.[156]

Es braucht kaum gesagt zu werden, dass die Kenntnis des Generalbass- und Partimentospiels für ein »Nachschaffen« dieser Art unabdingbar ist. Mit den grundlegenden Akkordverbindungen, wie sie beim Generalbass geübt werden, ist ein Fundament für das Spiel und das Verständnis von Bachs Musik gelegt. Das *Compendium Improvisation*, aus der Unterrichtspraxis an der Schola Cantorum Basiliensis (Hochschule für Alte Musik, Musik-Akademie

154 Blanken, *Sammlung Scholz*. Die Sammlung Scholz ist greifbar unter bach-digital (z. B. »BWV 655 Variante«).
155 Siehe seine Beiträge in: Markus Schwenkreis (Hg.), *Compendium Improvisation*, veröffentlicht von der Schola Cantorum Basiliensis, Basel 2018.
156 Genannt seien Präludium und Fuge f-moll Krebs-WV 407 (in Anlehnung an BWV 544), Toccata a-moll Krebs-WV 411 (nach BWV 540).

Basel) hervorgegangen, vermittelt Einblicke in den Werkzeugkasten des Komponierens, wie sie etwa einem Bachschüler vorgesetzt wurden: thematische Strukturen, Sequenzen, Dissonanzen und ihre Auflösung, Kadenzformeln und weitere Standards.[157] Aus Bachs Umgebung wurde kürzlich eine *Anweisung zum Fantasiren* bekannt, verfasst von Jacob Adlung (1699–1762), Organist an der Predigerkirche Erfurt und renommierter Orgelkenner. In ähnlicher Weise werden darin die Basisbausteine zur Improvisation und damit auch zur Komposition vermittelt.[158] Wer gerne mit vorgegebenen Mustern und Themen arbeitet, greife zu den 517 Fugenthemen, die der Danziger Organist Daniel Magnus Gronau zu Papier gebracht hat; je mit Kontrasubjekt und Generalbass-Ziffern versehen, laden sie ein, größere *Werke* daraus zu entwickeln.[159]

Jedes Musikwerk ist auf die Ausübenden angewiesen. »Die Komposition bedarf, um musikalisch real zu werden, der klanglichen Interpretation«.[160] Überspitzt gesagt: erst die Interpretin, der Interpret lässt das Aufgeschriebene im Moment der Wiedergabe überhaupt zum Werk werden. In dieser Hinsicht sind wir immer noch ein wenig der Neuen Sachlichkeit verhaftet: Strawinsky und Schönberg wandten sich gegen jede als romantisch verschriene Zutat des Interpreten: »Das Geheimnis der Vollkommenheit [der Interpretation] besteht vor allem in dem Respekt vor dem Gesetz, welches das Werk dem Ausführenden auferlegt«.[161] Aber dies war keineswegs immer so. In früheren Zeiten war der Interpret derjenige, der den Notentext im Moment der Wiedergabe gleichsam fertigkomponierte. Die Geschichte der musikalischen Notation zeigt einen Weg von der Nachschrift (als Erinnerungsstütze an ein stattgehabtes musikalisches Handeln) zur Vorschrift (als »Befehlstext« für ein zukünftiges Handeln), was zweifellos mit der Zunahme an Komplexität (Mehrstimmigkeit, Ausführung durch Chöre, Ensembles) zu tun hat.[162]

Wir sollten die auf dem Notenpult stehende Ausgabe nicht als »Befehlstext« auffassen. Das haben die bisherigen Ausführungen – so hoffe ich – schon deutlich machen können. Im Folgenden versuchen wir, weitere Facetten dieser geheimnisvollen Dimension zu erschließen.

157 *Compendium Improvisation* (Fußnote 155); zur Partimento-Praxis vgl. Paraschivescu, *Die Partimenti Paisiellos*.

158 Bach-Archiv Leipzig, *D-LEb Rara II, 658-C* (nicht publiziert).

159 Daniel Magnus Gronau, 517 Fugen, hrsg. von Andrzej Mikolaj Szadejko, Gdańsk 2016.

160 Dahlhaus, *Musikästhetik*, S. 23.

161 Igor Strawinsky, *Musikalische Poetik*, übersetzt von Heinrich Strobel, Mainz 1949, Insel-Bücherei Nr. 713, S. 84. Vgl. auch Danuser, *Interpretation*, S. 63.

162 Mit Dank an Markus Jans, Basel. Ergänzend lese man, was der Philosoph Georg Wilhelm Friedrich Hegel zur Wiedergabe einer Opernarie Rossinis sagt: »... daß der K ü n s t l e r selbst im Vortrage komponiert, Fehlendes ergänzt, Flacheres vertieft ...«, zitiert nach Danuser, *Interpretation*, S. 276.

»Von dem Vortrage« oder »Wie der Komponist es wünschte«

In vielen Lehrbüchern werden die subtileren Spielanweisungen unter dem Titel »Vom Vortrage« (oder ähnlich) zusammengefasst; der Begriff »Interpretation«, im Sinne von »jouer d'une manière personelle« erscheint erst um 1860–70.[163]

Der oben erwähnte Carl Czerny, Komponist von nicht immer geliebten Etüden, Herausgeber vieler Bach-Ausgaben, schlägt den Klavierspielern ein bemerkenswertes Konzept vor: von Bach und Händel bis zu Franz Liszt müsse man sich mit sieben verschiedenen Stilen beschäftigen. Mozarts Schule beispielsweise verlange ein »klares, schon bedeutend brillantes Spiel, mehr auf das *Staccato* als auf das *Legato* berechnet«, während bei Beethoven eine »charakteristische und leidenschaftliche Kraft, abwechselnd mit allen Reizen des gebundenen *Cantabile*« anzustreben sei. »Aus dieser kurzen Darstellung wird der denkende Spieler leicht ersehen, dass jeder Tonsetzer in der Manier vorgetragen werden muss, in welcher er schrieb und dass man demnach sehr fehlen würde, wenn man die Werke aller eben genannten Meister auf eine und dieselbe Art vortragen wollte. Der Spieler, welcher zur Vollkommenheit gelangen will, muss den *Compositionen* eines jeden Tonsetzers, welcher eine Schule gründete, eine bedeutende Zeit besonders widmen, bis er nicht nur seinen Geist ergründet hat, sondern denselben auch getreu in der mechanischen Ausführung darzustellen weiss«. Der Interpret möge demnach die innere Welt eines bedeutenden Komponisten zunächst für sich selbst erschließen, um sie dann an die Zuhörer weiterzugeben.

»Dass ein genievoller, vollendeter Spieler in jede fremde *Composition* auch seinen eigenen Geist, seine eigene Eigenthümlichkeit legen darf, versteht sich von selber, vorausgesetzt, dass hiedurch der ursprüngliche *Charakter* des Tonstücks nicht entstellt wird«.[164] Bei jedem Spiel eines älteren Musikstücks stehen wir zwischen diesen beiden Polen: wie weit wollen wir uns dem »Geist« eines Komponisten einfügen, und wo darf unsere eigene Persönlichkeit hervortreten?

Wie sehr diese Polarität den Musikern des 19. Jahrhunderts bewusst war, möge eine anekdotische Erzählung über einen Besuch Franz Liszts beim Musiker und Zeichner Jean-Joseph-Bonaventure Laurens in Montpellier aufzeigen. Liszt wird gebeten, Bachs a-moll-Präludium BWV 543 zu spielen. Er erkundigt sich: »Comment voulez-vous que je vous la joue?« Wie wünschen Sie, dass ich Ihnen das Stück spiele? Laurens: »... comme on doit la jouer!« Wie man es spielen muss! Liszt spielt ein erstes Mal »comme l'auteur a dû la comprendre, l'exécuter lui-même ou vouloir qu'elle soit exécutée«, wie der Komponist es aufgefasst wissen wollte, es selber gespielt hätte oder gewünscht hätte, wie man es spielen soll. Das Resultat wird beschrieben als »admirable, la perfection même du style classique et voulu en tout de l'original«, bewundernswürdig, in vollkommen klassischer, originaler Art.

163 Ernst Lichtenhahn, *Musikalische Interpretation – ein romantisches Konzept*, Symposium zum 80. Geburtstag von Kurt von Fischer, Peter Lang, Bern etc. 1998, S. 111; dort auch weitere Zitate aus dem 19. Jahrhundert.

164 Czerny, *Von dem Vortrage*, 15. Kapitel, S. 71f.

Ein zweites Mal greift Liszt in die Tasten »comme je la sens, avec un peu de pittoresque de mouvement, l'esprit plus moderne et les effets propres à l'instrument perfectionné«, wie ich es empfinde, mit etwas Pittoreskem in der Bewegung, dem Geist der neueren Zeit und den Möglichkeiten des weiter entwickelten Instruments entsprechend. Die »pittoresque de mouvement« müssen wir uns wohl als rhythmische Freiheiten vorstellen, die Effekte, die der neuere Orgelbau ermöglicht, als crescendi und diminuendi. Die Hörer empfanden dies als »autrement mais non moins admirable«, anders, aber nicht weniger bewunderungswürdig. Die dritte Version sei, so sagte Franz Liszt, »comme je la jouerais pour le public... à étonner, en charlatan!«, wie ich es für das Publikum spielen würde, mit Überraschungen, wie ein Scharlatan. [...] »Et, allumant un cigare qu'il passait par instants d'entre les lèvres aux doigts, exécutant parmi ses dix doigts la partie marquée pour les pédales et se livrant à d'autres tours de force et prestidigitations, il fut prodigieux, incroyable, fabuleux et remercié avec enthousiasme.« Und er zündete eine Zigarre an, die fallweise zwischen den Lippen und den Fingern hin- und herwanderte; die Pedalpartie spielte er mit seinen zehn Fingern und lieferte sich weiteren Bravourstücken und Taschenspielereien aus. Er war bewundernswert, unglaublich, fabelhaft und wurde enthusiastisch bedankt.[165]

Dem ist nicht viel hinzuzufügen. Ist es nicht erstaunlich, dass auch Franz Liszt sich ein Bild von einer »authentischen« Wiedergabe gemacht hatte? Dies, obwohl er seinen Erfolg als Virtuose zweifellos durch Interpretationen »en charlatan« aufgebaut hat.

Die Kontroverse zwischen Klassizität und Ausdruck, zwischen Eduard Hanslick/Brahms und Richard Wagner soll hier nicht aufgerollt werden. Wichtig für das heutige Bachspiel ist hingegen – wie schon angedeutet – die Wende nach dem Ersten Weltkrieg: die differenzierte Ausdrucksagogik, die »romantische Freiheit« wurde im Gefolge der Neuen Sachlichkeit verteufelt, und für die neue wie auch für die wiederbelebte alte Musik wurde eine *objektive* Interpretation gefordert. Dies hat zu einer Überbetonung des motorischen Moments geführt. Sogar so bekannte Lehrerpersönlichkeiten wie Marcel Dupré geben dem persönlichen Moment kaum eine Chance: »L'interprète ne doit jamais laisser paraître sa propre personalité. Aussitôt qu'elle transperce, l'œuvre est trahie«, der Interpret darf niemals seine eigene Persönlichkeit erscheinen lassen. Sobald diese durchbricht, ist das Werk verraten.[166] Noch heute ist ein starres, motorisches Spiel weit verbreitet; die hier vorgebrachten Dokumente,

165 Aufzeichnungen von Jules Laurens, dem Sohn von Jean-Joseph-Bonaventure Laurens, Bibliothèque Inguimbertine, Carpentras (Südfrankreich), *Ms. 2.173 (17)*, zitiert nach Jean-Jacques Eigeldinger, *Liszt trascrittore e interprete di Bach*, L'Organo, Rivista di cultura organaria e organistica, Jg. 1973, S. 175–178. In der Bibliothek von Carpentras liegt eine Abschrift der Partita »Sei gegrüsset, Jesu gütig« BWV 768, die Jean-Joseph-Bonaventure Laurens vom Darmstädter Organisten Christian Heinrich Rinck als Geschenk erhalten hatte, vgl. NA, Bd. 9, S. 8 und 170.

166 Marcel Dupré, *Philosophie de la Musique*, Tournai, ohne Datum, S. 43; zitiert nach Robert Hill, »Overcoming Romanticism«: on the modernization of twentieth-century performance practice, in: Music and performance during the Weimar Republic, ed. by Bryan Gillam, Cambridge studies in performance practice, 3, Cambridge University Press 1994, S. 166. In dieser Studie viele weitere Zitate zum Thema.

insbesondere die »Deklamation« im Sinne Griepenkerls, möchten zu einem adäquaten, lebendigen Spiel anleiten.

Noch größer wird die Spannweite, wenn wir den »aktualisierenden Interpretations-Modus«[167] mit einbeziehen. Anton Webern instrumentierte das sechsstimmige Ricercar aus dem Musikalischen Opfer BWV 1079 mit quasi punktuellem Einsatz der Instrumente. Mit den Worten Theodor W. Adornos: »jeder Zug der Komposition [wird] in ein farbliches Korrelat übersetzt«. Ein Stück, das auf der Orgel, mit Prinzipal-Registern gespielt, gleichsam *einen* großen Atem gewinnt, wird analysierend in seine »unendlich gegliederte Struktur« zerlegt.[168]

167 Danuser, *Interpretation*, S. 17.

168 Theodor W. Adorno, *Bach gegen seine Liebhaber verteidigt*, zitiert nach Theodor W. Adorno, Eine Auswahl, hrsg. von Rolf Tiedemann, Büchergilde Gutenberg 1971, S. 114.

ZUR INTERPRETATION AUSGEWÄHLTER WERKE

Ein chronologisch geordneter Gang durch Bachs Orgel-Œuvre kann hier nicht in extenso durchgeführt werden. Die von Bach selbst zusammengestellten Sammlungen sollen kurz präsentiert werden, dazu kommen einige für das Spiel charakteristische Schlüsselwerke, deren Auswahl naturgemäß persönlich bleiben muss.

Das Kontrastprogramm des jungen Bach lässt sich besonders klar fassen an der Schluss-Variation der frühesten Choralpartita »**Ach, was soll ich Sünder machen« BWV 770**, komponiert im Alter von etwa 20 Jahren.[169] Die sechs Choralzeilen des Liedes sind je durch individuelle thematische Strukturen dargestellt, zusätzlich aber platziert Bach zwischen den Choralzeilen weitere, frei gestaltete Elemente bis hin zu einem sozusagen artfremden *passaggio* (T. 21), so dass etwa zehn kontrastierende Abschnitte entstehen. Die Quellen geben ein Alternieren zwischen Oberwerk und Rückpositiv an; einige Bezeichnungen ermuntern dazu, die Kontraste durch wechselnde Tempi zu unterstreichen. Das *poco adagio* in T. 6 zeigt, wie differenziert der Komponist diese Abstufungen wünschte; für den simpelsten Abschnitt (T. 29, sechs Mal das gleiche halbtaktige Modell, immer in G-dur verharrend) schlage ich ein *presto* vor.[170] Gleich danach folgt der ruhigste Moment (T. 34); wenn wir die letzte Strophe des Liedes unterlegen, so ist hier der Text »[darum thu auch einverleiben] meine Seel in deinem Licht« mitzuhören.

Wer von den großen Formen der späten Bach-Werke geprägt ist, tut sich schwer, hier weitere Kontrastmittel zu mobilisieren. Es ist aber denkbar, dass die Bezeichnungen *Oberwerk* und *Rückpositiv* einfach einen Klangwechsel meinen. Problematisch ist zum Beispiel, dass sowohl der *passaggio* (T. 21) als auch der ruhige Abschnitt (T. 34) dem Rückpositiv zugewiesen sind. Passagen sind schnell zu spielen (→ S. 58), zudem verlangt die tiefe Lage in T. 21 eine helle Registrierung, um deutlich zu bleiben (hohe Labiale oder Zunge). Ist es nun absolut zwingend, den ruhigen Abschnitt mit der gleichen Farbe zu spielen? Es scheint mir angemessen, den kontrastierenden Charakter durch eine milde Registrierung (Flöten oder Streicher) zu betonen, besonders, da danach (T. 40) mit dem längsten Teil, im gigueartigen Rhythmus, die frohe Quintessenz des Liedes nochmals thematisiert wird: »meinen Jesum lass ich nicht«; zweifellos soll der tänzerische Schwung mit einem kräftigen Klang realisiert werden. Weniger eindeutig ist die Absicht des *Adagio*-Schlusses: meint Bach ein sieghaftes *Organo pleno* oder ein nachdenkliches Schlussvotum? Aufs Ganze gesehen ein erstaunliches Dokument für einen jungen, im Aufbruch begriffenen Komponisten, den wir eben von seiner reifen, überragenden Spätzeit her zu hören, zu spielen und – womöglich – zu verstehen gewohnt sind.

169 NA, Bd. 9, S. 26. Vgl. Zehnder, *Die frühen Werke*, S. 140f.
170 Zu den feinen Tempostufen vgl. die Tabelle S. 57.

Concerto a-moll BWV 593 nach Antonio Vivaldis Konzert für zwei Violinen op. 3/8. Glücklicherweise besitzen wir vom d-moll-Konzert BWV 596 – ebenfalls nach Vivaldi – Bachs Eigenschrift. Aus diesem Dokument lässt sich einwandfrei ablesen, dass Bach bemüht war, dem Streicheroriginal nahezukommen; auch vor Registerwechseln innerhalb eines Satzes schreckte er nicht zurück (BWV 596, T. 21). In den Ecksätzen des a-moll-Konzerts lässt Vivaldi die unterste Stimme teils von Cello und Violone spielen, teils von den Bratschen oder Violinen. So ist im 1. Satz in T. 55 die Pedalregistrierung auf 8'-Basis umzustellen, in T. 62 soll der 16' wieder hinzutreten (analog ab T. 71). Etwas komplexer ist die Stelle T. 86 im 3. Satz: die obere Pedalstimme (das repetierte e^1) wird bei Vivaldi von der vierten Violine gespielt, im Basso continuo bleibt indes der Violone weiter aktiv. Trotz dieser Ambivalenz wird hier in der Regel eine 8'-Pedal-Registrierung besser klingen. Vivaldis Partituren heranzuziehen ist absolut notwendig. Besonders bei den genannten Solo-Stellen, etwa T. 55, wird deutlich, was Bach wohl von Vivaldi gelernt hat (→ S. 59): der Musik mit einfacher Figuration einen großen, weiten Atem zu geben.

Das in Weimar konzipierte **Orgelbüchlein BWV 599–644** hat sich als hervorragende Schule des polyphonen Orgelspiels so stark etabliert, dass keine Spielerin, kein Spieler daran vorbeikommt. Bach weist in seinem Titel explizit auf diese pädagogische Zielsetzung hin, wenn auch das Titelblatt erst in der Köthener Zeit formuliert wurde.[171] Die Handschrift *P 283*, das Autograph des Büchleins, war von Anfang an dazu bestimmt, kleine Orgelchoräle aufzunehmen; die Liedmelodie steht ganz im Zentrum, meist liegt sie in der Oberstimme, bei einigen Orgelbüchlein-Stücken könnte man ohne Probleme mitsingen.

Es scheint, dass sich die Idee zu einer umfassenden Sammlung erst allmählich herauskristallisiert hat. Für die Advents- und Weihnachts-Choräle, dann für die Passionslieder und die Osterchoräle wurde je ein Bündel von Blättern bereitgelegt und nach und nach beschriftet. Wohl bald entstand der Wunsch, die einzelnen Faszikel zusammenzubinden, und vermutlich in diesem Moment hat Bach weitere Blätter hinzugefügt. Nach einem an die Gesangbücher angelehnten Aufbau enthält das Büchlein nun 164 Überschriften; auf die Choräle für die Festzeiten des Kirchenjahres folgen Katechismus-Lieder (→ S. 106) und Lieder allgemeinen Inhalts. Indes blieben viele Choraltitel ohne Notentext, besonders auf den hinteren Seiten. In Leipzig, Jahre später, hat Bach sein Manuskript nochmals vorgenommen, zwei Choräle revidiert und zwei neue Eintragungen vorgenommen: »Helft mir Gottes Güte preisen« BWV 613 und den Beginn von »O Traurigkeit, o Herzeleid« BWV Anh. 200.[172]

171 Analog zum Titelblatt des Wohltemperierten Klaviers I; möglicherweise wollte Bach mit Blick auf seine Bewerbung um das Thomaskantorat Leipzig seine pädagogische Kompetenz betonen.

172 NA, Bd. 7, S. 93. Die Erkundung von Bachs Handschrift geht auf Georg von Dadelsen zurück, die Gliederung in Faszikel beruht auf den Angaben von Heinz-Harald Löhlein (NBA IV/1, Kritischer Bericht). Zum Orgelbüchlein allgemein siehe Hiemke, *Orgelbüchlein*. Die Fach-Diskussion über eine Entstehung in einzelnen Faszikeln ist noch nicht abgeschlossen.

Die Problematik beim Spiel dieser »Orgellieder« besteht darin, dass das Pedal und die Mittelstimmen an die Spieltechnik hohe Ansprüche stellen, die Choralmelodie im Sopran aber weniger Aufmerksamkeit verlangt. Freilich ist nicht zu übersehen, dass die Liedmelodie eigentlich die Hauptsache ist. Aus dem bisher Gesagten sind schon einige Hinweise zu entnehmen, wie dem Problem zu begegnen ist. Zuallererst ist der Liedtext mitzudenken; hier muss ja nicht einmal ein eigener Text erfunden werden (→ S. 43). So werden wichtige Worte als Höhepunkte von selber klar, und die Phrasenenden gewinnen ihr vom Text her gegebenes Profil. Weiter mag man an Griepenkerls Aussage über das Atmen denken (→ S. 60): um dem Zuhörer den Eindruck zu vermitteln, es handle sich um ein Liedgebilde, muss eine *innere* melodische Kraft die Phrasen formen und bei den Zeilenschlüssen das Gefühl des Atmens vermitteln. Die Achtsamkeit auf den eigenen Atem kann dabei helfen, aber von entscheidender Bedeutung ist wohl die Vorstellung, die sich im Kopf (oder im Herzen?) des Spielers gebildet hat.

Fuge g-moll BWV 542/2. In einigen Weimarer Werken verkörpert der vollständig durchgezogene Sechzehntel-Puls einen mitreißenden, umfassenden »Atem«. In der Heilig-Geist-Fantasie BWV 651 wird kein einziger Sechzehntel-Anschlag ausgelassen. Zwar ist dies in der g-moll-Fuge nicht der Fall, doch ist ein Strömen des vollen Orgelklangs in analoger Weise anzustreben. Nebenbei: die Stellen, an denen für den Wert einer Achtelnote ein kurzer Stopp eingelegt wird, sind sehr bezeichnend; im zweiten Kontrasubjekt gibt es jeweils nach kurzem Aufschwung ein »Hängen-Bleiben« (T. 11–12), das beim Spielen bewusst dargestellt werden sollte.
Das strömende, »kreisende« Bewegungsgefühl hängt stark zusammen mit der fallenden Sequenzierung von Motiven, die fast das ganze Werk durchzieht. Wo sich dies in klar ausgesprochenen Quintschritten äußert wie etwa in der zweistimmigen Stelle ab T. 46 (Basstöne halbtaktig im Quintabstand), mag man das als bewussten Vivaldi-Anklang wahrnehmen und im lockeren zweistimmigen Satz ein entspanntes »Fließen-Lassen« anstreben, besonders deshalb, weil wir ja auf eine Klimax zusteuern. Mit dem neuen Achtelmotiv von T. 57 (in der Kantate »Herz und Mund und Tat und Leben« BWV 147 von 1716 trägt es den Arien-Text »Hilf, Jesu, hilf«) beginnt eine deutliche Verdichtung, die bis T. 93 anhält. Meines Erachtens verlangt diese Verdichtung von den Ausführenden eine intensivere Aktivität im Zugriff auf die Klaviatur. Man kann dabei direkt mit einem stärkeren »Gewicht« agieren, gesteuert von Arm und Schulter. Durch eine solche Differenzierung – Zurücknehmen des Gewichts bei den entspannten Stellen, Intensivierung bei den dramatischen Ballungen – gewinnt das Orgelspiel trotz gleichbleibenden Klangs, deutlich an Lebendigkeit. Fast unnötig zu sagen, dass dies nur bei einer mechanischen, sensiblen Spieltraktur erlebbar wird; hilfreich ist zudem eine Windversorgung, die auf solche Nuancierungen anspricht und bewusst macht, dass die Orgel ein Blasinstrument ist.

Unter den **Orgelsonaten** sticht die sechste in **G-dur BWV 530** durch eine besonders genaue Bezeichnung mit Bögen und Staccato-Punkten hervor. Sehr wahrscheinlich ist sie die einzige, die zur Zeit der Niederschrift des Autographs *P 271* (um 1730) komplett neu komponiert wurde. Der 1. Satz (zum 2/4-Takt → S. 45) lässt sogleich die Herkunft von der Violinsonate beziehungsweise Triosonate erkennen: das Thema könnte von Antonio Vivaldi oder einem anderen Italiener stammen. An die differenzierte Bogentechnik der Violine erinnert der in Bachs Orgelmusik wohl einmalige Legato-Bogen über drei Achteln in gleicher Tonhöhe (T. 14 und 16): Bach wünscht auch vom Orgelspieler einen außergewöhnlich differenzierten Anschlag. Neue Töne schlägt dann das zweite Thema (T. 21) an: das »Hängen-Bleiben« in der Taktmitte verlangt, wie bei der g-moll-Fuge, besondere Aufmerksamkeit. Ein dritter thematischer Komplex (T. 37) bringt lockere Akkordbrechungen, vermutlich auch mit eher lockerer Artikulation zu spielen.

Im dritten Satz des *Concerto nach italienischem Gusto* F-dur BWV 971 (Klavier-Übung II, um 1735) kann man ähnliche Thementypen beobachten: T. 25 das »Hängen-Bleiben« (man beachte den Bogen), in T. 77 dann die einfachen gebrochenen Akkorde. Schließlich haben sogar die beiden Hauptthemen eine gewisse Verwandtschaft, wobei Bach hier die italienische Prägung ausdrücklich vermerkt.

Bei der Rückkehr zum ersten Thema setzt Bach vermehrt Bögen über Sechzehntel (T. 53, noch deutlicher T. 74). Was meinen diese Bögen? Wenn wir als Norm das »ordentliche Fortgehen« akzeptieren, so entsteht durch das Legato, durch das längere Verweilen auf den Sechzehnteln, ein Klanggewinn, eine Hervorhebung (ähnlich wie in der g-moll-Fuge mag man dies durch das Spielgewicht steuern). Besonders ab T. 74 ist eine Hervorhebung auch in formaler Hinsicht angezeigt, denn das Thema erklingt in Engführung, also verdichtet.
Der 2. Satz ist ein Lehrstück in galanter Artikulation und Ornamentierung. Bögen und Staccato-Punkte verlangen eine dauernde Präsenz von feinster Nuancierung, noch gesteigert durch die vielen Vorschläge und Triller. Ebenso beim 3. Satz; auch wenn die typisch geigerischen Artikulationszeichen ab T. 21 nur in der Abschrift von Anna Magdalena stehen, sind sie eine wichtige Facette der kammermusikalischen Sprache des Leipziger Bach.

Bachs Wunsch nach differenzierter Artikulation wird oft am Beispiel der Violin-Soli BWV 1001–1006 (1720) aufgezeigt. Tatsächlich sind sie besonders reich mit Bögen ausgestattet; freilich beziehen sich diese in erster Linie auf die geigerische Bogentechnik.[173] Beim Tasteninstrument scheinen Bachs Bögen auf das Faktum Rücksicht zu nehmen, dass eine Akzentuierung auf diesen Instrumenten fast ausschließlich durch Artikulation möglich ist. Wohl deshalb sind Legatobögen, die über den Taktstrich hinausgehen, sehr selten; sie würden die übliche Akzentsetzung auf der Eins unterbinden. Vor diesem Hintergrund sind manche violinistischen Bögen nicht unbesehen auf die Orgel zu übertragen. Viele

173 John Butt, *Bach Interpretation – Articulation marks in primary sources of J. S. Bach*, Cambridge University Press 1990.

Artikulationsangaben aus Tastenwerken hat Josef Rainerius Fuchs als Faksimile mitgeteilt. Hier sind manche Anregungen zu holen.[174]

Der **Dritte Teil der Klavier-Übung**, zur Leipziger Herbst-Messe 1739 im Druck erschienen, ist von Bach zweifellos als Summe seines organistischen Œuvres gewertet worden. Noch während der Drucklegung wurden Ergänzungen und Umstellungen vorgenommen.[175] Im Titel ist nur von den Katechismus-Liedern die Rede, doch wollte Bach offenbar auch mit den Großformen Präludium und Fuge eine Bilanz seines Schaffens ziehen.

Im **Präludium Es-dur BWV 552/1** lässt sich jedes der vier thematischen Elemente in Beziehung setzen zu anderen Stücken aus Klavier-Übung I, II und IV. Über die Punktierungen des Eröffnungsteils mit Bögen über zwei oder vier Noten und über die Frage der Ouvertüre wurde oben (→ S. 51f.) das Nötige gesagt. Trotz der galanten Variante der Punktierung eignet dem Eröffnungsteil ein prächtiger, »elevirter« Charakter. Der Kontrast zu den Viertel-Motiven mit Staccato-Punkten (T. 33) könnte kaum größer sein. Im Praeambulum zur Cembalo-Partita G-dur BWV 829 notierte Bach ein verwandtes Motiv je mit Achtel und Achtelpause, das Bild von fallenden Tropfen mag uns beim Spielen helfen, die veränderte Stimmung zu erfassen (zu den Staccato-Punkten → S. 65). Und nochmals überrascht nach wenigen Takten ein *Cantabile* in typisch Leipziger Duktus und mit akkordischer Begleitung (T. 41). Zwar fehlen hier die Legatobögen; man mag sie nach dem Vorbild des langsamen Satzes im *Concerto nach italienischem Gusto* BWV 971 ergänzen. Zum melodisch orientierten Spiel gehört eine *rubato*-Ausführung, ein »schleppender« Vortrag (→ S. 61f.). Ein vierter Charakter tritt mit dem Concerto-Thema von T. 71 in Aktion: die fallende Skala lässt Vivaldis geigerischen »Drive« durchhören, freilich kontrapunktisch eingebunden durch ein gemessen schreitendes Thema in Vierteln. Wie typisch ist diese Kombination von Bewegung und Struktur für Bach! Alle genannten Satztypen kehren im Laufe des Präludiums wieder. Wie beim c-moll-Präludium BWV 546/1 als einem Hauptzeugen zu zeigen sein wird (→ S. 101f.), werden auch hier Großabschnitte in zwei Teilen wiederaufgenommen. Ist es schon zu Beginn offenkundig, dass der punktierte Eröffnungsteil in 16+16 Takte gegliedert ist, so sind im späteren Werkverlauf die 16taktigen Unterabschnitte einzeln zitiert: die Takte 1–15 erklingen wieder als T. 51–70. Dabei steht T. 51 in B-dur, T. 70 aber kadenziert nach c-moll. Damit ist schon gesagt, dass innerhalb dieses Abschnitts eine Veränderung des harmonischen Verlaufs stattfindet: Bach realisiert das durch vier eingeschobene Takte (T. 55–58). Das klingt wie eine spitzfindige analytische Beobachtung, ist aber von großer Relevanz fürs Spiel. Diese vier Takte sind herausgehoben durch eingestreute Sechzehntel-Skalen, hohe Lage der

174 Josef Rainerius Fuchs, *Studien zu Artikulationsangaben in Orgel- und Clavierwerken von Joh. Seb. Bach*, Hänssler, Neuhausen-Stuttgart 1985.

175 Gregory G. Butler, *Bach's Clavier-Übung III – The Making of a Print*, Duke University Press, Durham und London 1990; Werner Breig in NA, Bd. 6, S. 9–10.

Oberstimme und deklamierende Vorhalt-Momente (T. 56 und 58 in den Oberstimmen). Es besteht kein Zweifel, dass Bach diese Modulation zum c-moll-Bereich besonders betonen wollte. Der zweite Unterabschnitt kehrt wieder – um zwei Takte gekürzt – mit Ziel As-dur (vgl. T. 98–111 mit T. 19–32).

Ein zweiter Einschub ist die berühmte Treppenschritt-Stelle im Pedal (T. 145). Wieder ist der »Concerto-Abschnitt« hälftig geteilt: nach 13 Takten mit drei Themen (vgl. T. 130–142 mit T. 71–83) folgt der eingeschobene Abschnitt mit diesem Höhepunkt der Pedal-Virtuosität. Ab T. 161 wird das Zitat des »Concerto-Abschnitts« fortgesetzt (vgl. T. 161–174 mit T. 84–98). Beide genannten »Einschübe« sind spieltechnisch nicht ganz einfach: musikalische Intensität und anspruchsvolle Finger- bzw. Fußtechnik fallen bei Bach meist zusammen.

»Dies sind die heilgen zehen Gebot«, à 2 Clav. et Ped., Canto fermo in Canone, BWV 678.
War bei »Ach, was soll ich Sünder machen« BWV 770/10 von extremen Kontrasten zu berichten, so sind die Choralbearbeitungen aus Klavier-Übung III wunderbare Beispiele für kohärente Strukturierung im Sinne des reifen Bach. Zwei Stimmen in hoher Lage präsentieren freie Motive, die linke Hand spielt die im Oktav-Kanon geführten cantus firmi, im Pedal begleitet von einer gemessen schreitenden Bassstimme, gleichsam dem »Erzähler«,[176] dem Basso continuo des Lebens.

Während in vielen Choralbearbeitungen die freien Stimmen ebenfalls auf die Liedmelodie Bezug nehmen, ist dies hier nicht der Fall. In den ersten 15 Takten werden die Themen exponiert, die für das ganze Stück verbindlich bleiben. Man kann – cum grano salis – vier thematische Elemente wahrnehmen: ein gemessen imitierendes Thema, das nur noch einmal wiederkehrt (T. 29). Dieses löst sich gleichsam in gebrochene Dreiklänge auf, die dann in T. 4 ganz deutlich das Feld beherrschen. Gleich danach erklingt ein gegensätzliches Motiv, das chromatisch fallende Schritte mit Seufzerfiguren kombiniert (T. 5). Fürs Spiel wichtig ist zu erkennen, dass die Sechzehntel von T. 6–7 »verzierte« Seufzermotive sind (der Legatobogen ist innerlich zu ergänzen). In der Folge alternieren meist die Elemente »freudige Akkorde« und »seufzende Motive«; erstmals eine durchgehende Sechzehntelbewegung stellt sich in T. 13 ein, eine Umspielung der gebrochenen Akkorde. Das Sechzehntelmotiv führt indes ein Eigenleben, indem es auch in umgekehrter Richtung vorkommt (T. 15). Überhaupt ist es in vielen Takten anwesend, so dass es, zusammen mit den Seufzern, zu den häufigsten Motiven des Stücks gehört.

Sowohl über die kanonische Anlage als auch über die nicht leicht verständlichen Motive der freien Stimmen (Schweitzer: »musikalische Unordnung«[177]) haben sich annähernd zwanzig

176 Offenbar geht diese Bezeichnung auf den Komponisten Johann Nepomuk David zurück (mündliche Überlieferung über meinen Lehrer Anton Heiller, Wien).

177 Schweitzer, *Bach*, S. 428.

Autoren geäußert; Albert Clement referiert die teils recht kontroversen Ansichten.[178] Dem Kanon wird in den meisten Kommentaren die Bedeutung »Nachfolge«, »Gesetz« oder »Befolgen der Gebote« zugeordnet. Was aber bedeuten die freien Motive? Fürs Spielen scheint mir zentral, zwei *gegensätzliche* Affekte zum Ausdruck zu bringen: die Chromatik und die Seufzer haben etwas mit »Schmerz«, »Sünde«, vielleicht mit »Erkenntnis unserer Sünde« zu tun. Die kräftigen Dreiklangsmotive – wiewohl schwieriger einzuordnen – könnte man mit »Freude über das Gesetz« assoziieren. Fanfaren können mit einem imperialen, königlichen Affekt in Verbindung stehen – nach Albert Clement möglicherweise das »Geben des Gesetzes durch Gott«.[179] Die beiden Affekte, »Seufzer-Motive« mit Legatobögen (→ S. 67) und »Dreiklangs-Fanfaren«, versuche man durch gegensätzliche Artikulation darzustellen. Bleiben noch die genannten Sechzehntelmotive, die so häufig und auch in Umkehrung vorkommen. In der ersten Liedstrophe tritt der Passus »hoch auf dem Berg [Sinai]« stark hervor; mir persönlich vermittelt das Textwort »Berg« eine bildhafte Vorstellung, um dem Motiv eine einprägsame gestische Gestalt zu verleihen.[180] Und noch ein Detail: Gegen Ende des Werks erklingen die Seufzer großenteils in aufwärts führender Bewegung (Umkehrung). Ähnlich bedeutungsvoll ist wohl eine Motiv-Umkehrung im Orgelbüchlein-Choral »Durch Adams Fall ist ganz verderbt« BWV 637 (→ S. 98). Die nach *oben* weisenden »Seufzer« – das sollte man beim Spielen empfinden – haben eine andere Farbe. Hoffnung auf Erlösung darf man in ihnen hören.

Exkurs: Die Passacaglia c-moll BWV 582

Der Vater des Ostinato ist Claudio Monteverdi; seine Lamenti sind eindrückliche Manifestationen von Liebe, Trauer und Tod. Monteverdis Lamento-Bass *a-g-f-e* wurde ein Topos für die folgenden Jahrhunderte. In der Osterkantate »Hemmt eure Tränenflut« von Nicolaus Bruhns liegt er einem Abschnitt zugrunde, der mit dem Text »Der Stein war allzu gross« den Stein vor dem Grab Jesu Christi und auch den Stein auf unserem Herzen anspricht. Damit sind wir schon ganz nahe bei Johann Sebastian Bach. Im Advent 1705 weilte der 20jährige in Lübeck, um Dieterich Buxtehude zu hören und »ein und anderes in seiner Kunst zu begreiffen«.[181] Die beiden *extraordinairen Abendmusiken* Buxtehudes waren in diesem Advent ein »Castrum Doloris«, eine Trauermusik für den verstorbenen Kaiser Leopold I. und eine Huldigungsmusik, genannt »Templum Honoris«, für den neuen Herrscher Joseph I. Lübeck war freie Reichsstadt, deshalb zu solchen Ehrungen verpflichtet. Leider ist die Musik

178 Clement, *Klavier-Übung III*, S. 124f.

179 Clement, *Klavier-Übung III*, S. 130.

180 Kees van Houten weist darauf hin, dass die steigende Bewegung in T. 40–43 mit dem Bild »Berg« korrespondieren könnte (van Houten, *Van Tal tot Klank – Dritter Theil der Clavier Übung*, Privatdruck Kees van Houten, Stapelen 4, NL-5282 EH Boxtel, S. 86).

181 Dok II, Nr. 16.

nicht erhalten, doch vermitteln die Textbücher einige Informationen: wir finden darin sowohl eine »LAMENTO CHIACONETTA con Instrom. & Campan.« als auch eine »Passagaglia con divers. Instrom. Vivace.«[182]

Somit war der Lamento-Charakter des Ostinato nach wie vor lebendig; daneben gibt es aber eine andere Art, die wir Plenum-Typ nennen wollen. Bei einer Organistenprobe in Hamburg wird verlangt, der Kandidat solle zum Abschluss eine Passacaglia von etwa sechs Minuten improvisieren und »das volle Werck dazu zu gebrauchen«.[183] Dieterich Buxtehude war ein großer Liebhaber von Passacaglia und Ciacona, nicht nur für das Tasteninstrument, sondern ebenso in Kantaten und in seiner Kammermusik. Die Basso-continuo-Stimme zur Kantate »Jesu dulcis memoria« besteht aus nur 13 Noten, versehen mit dem Vermerk »45 Repet:«. Für die drei repräsentativen Orgelwerke – übrigens sind alle drei nur durch Abschriften von Bachs Bruder Johann Christoph erhalten geblieben – stellt sich sogleich die Frage: gehören sie zum Lamento-Typ oder zum Plenum-Typ? Dazu kann man sehr verschiedene Versionen hören; selber spiele ich den Beginn der Passacaglia in d BuxWV 161 gerne lamentoartig, in einem volleren Klang mit durchgehendem Schritt die Ciacona in c BuxWV 159, während der fallende Bass der Ciacona in e BuxWV 160 wieder mehr für das Lamento spricht. Damit sind wir mitten in den Interpretationsfragen, die auch Bachs Passacaglia umgeben.

Auch von diesem Werk ist glücklicherweise eine Abschrift von Bachs Ohrdrufer Bruder Johann Christoph Bach (1671–1721), Sebastians erstem Lehrer, Schüler Pachelbels, Organist und »Schul Collega«[184] im Städtchen Ohrdruf erhalten. Damit wird deutlich, dass wir es mit einem relativ frühen Opus Sebastians zu tun haben: die in diesem Sammelband (dem sogenannten Andreas-Bach-Buch) enthaltenen Werke werden auf »vor 1714« datiert. Der Beginn der Passacaglia c-moll nimmt denn auch sehr deutlich Bezug auf Buxtehudes Passacaglia in d; es drängt sich geradezu die Vermutung einer hommage an Buxtehude auf, der zwei Jahre nach Bachs Besuch gestorben ist.

Seit langem ist aber eine zweite Anknüpfung bekannt: im Orgelbuch von André Raison (1688) gibt es in der *Messe du Deuziesme ton* ein kurzes Stück in g-moll zum *Christe eleison* mit der Überschrift »Trio En passacaille«.[185] Darin erklingt die erste Hälfte des von Bach übernommenen Passacaglia-Themas sechsmal, davon zweimal in umspielter Form. Bach muss eine Abschrift dieses Orgelbuches besessen haben, denn in einem Auktionskatalog von 1808 wird es angeboten, versehen mit folgendem Zusatz: »Copie de la main de J. S.

182 Georg Karstädt, *Die »extraordinairen« Abendmusiken Dietrich Buxtehudes*, Lübeck 1962 (darin Faksimile des Textbuches).

183 Johann Mattheson, *Grosse General-Baß-Schule*, Hamburg 1731, Reprint Olms, Hildesheim 1968, S. 35.

184 NA, Bd. 4, S. 96. Hans-Joachim Schulze, *Johann Christoph Bach (1671–1721), »Organist und Schul Collega in Ohrdruf«, Johann Sebastian Bachs erster Lehrer*, Bach-Jahrbuch 1985.

185 Raison, Livre d'Orgue (wie Fußnote 131).

Bach. *Sum ex Aerario Musico Johannis Sebastiani Bachii. Vinariae.* 1709«.[186] Einmal mehr wird uns Bachs weiter Horizont bewusst: er erinnert sich an seine Lübeck-Reise, hat aber gerade in einem französischen Orgelbuch ein Passacaille-Thema erspäht, dem er kurzerhand eine zweite Hälfte beifügt.

In den Jahren ab etwa 1710 war ihm eine Strukturierung durch Motive ein zentrales Anliegen. Eine Passacaglia ist ja ein Variationen-Werk: jeder der 20 Ostinato-Phasen will Bach jeweils ein eigenes Gesicht geben. Nach zwei Variationen verlässt er den Anklang an Buxtehude und erfindet ein melodisches Achtelthema; mehr und mehr nimmt die Bewegung zu, bis in Var. 6 der durchgehende Sechzehntelstrom erreicht ist. Eigentlich ist es nicht erstaunlich, dass viele Variationen ein Muster aufweisen, das auch in Orgelbüchlein-Chorälen[187] erscheint; diese Bausteine sind in Bachs Werkzeugkasten allgegenwärtig. Man vergleiche etwa Var. 9 mit »Herr Christ, der ein'ge Gottes Sohn« BWV 601 oder Var. 16 mit »Nun komm der Heiden Heiland« BWV 599. Aus ein und demselben Thema eine Variationenfolge und danach auch eine Fuge zu gestalten, diese Idee hatte vor Bach noch kein Komponist. Und noch ein Detail: das Thema vorweg allein zu spielen, war nicht üblich; Bach aber hatte sich mit Unisono-Themen in Arien und Concerti vertraut gemacht – man denke an das Concerto d-moll BWV 974 nach Marcello oder an die Kantate »Gleichwie der Regen und Schnee vom Himmel fällt« BWV 18 – so war ihm die große Geste dieses Passacaglia-Themas wichtig genug, sie zuerst allein hören zu lassen.

Wie wir gesehen haben, wird Bach seine Passacaglia um 1712 komponiert haben. In der Folge haben viele Musiker in seiner Umgebung das Werk abgeschrieben und wohl auch gespielt. Einer davon, dem wir eine besonders sorgfältige Abschrift verdanken, ist mittlerweile mit Namen bekannt: Johann Jacob Kieser, Organist in Schleiz.[188] Bach hatte, vermutlich noch in der Weimarer Zeit, kleinere Revisionen eingefügt (z. B. die Oktavparallelen zwischen Alt und Tenor in T. 249 durch eine Figur beseitigt). In allen handschriftlichen Quellen tauchen Oktavversehen auf, sodass vermutet wird, Bach habe die Passacaglia ursprünglich in Tabulatur niedergeschrieben.[189] Für alle diese Schritte haben wir keine direkten Dokumente zur Verfügung, auch nicht für eine zu vermutende späte Leipziger Revision. Darüber wird in der Einleitung und im Kommentar zu Band 4 der NA berichtet, etwas ausführlicher zudem in einem Aufsatz, der im Anschluss an die Edition entstanden ist.[190] In all den über 20 Quellen gibt es, soweit ich sehe, einen einzigen Hinweis zur Registrierung: in der Berliner Handschrift

186 Peter Wollny, *Vom »apparat der auserleßensten kirchen Stücke« zum »Vorrath an Musicalien, von J. S. Bach und andern berühmten Musicis« – Quellenkundliche Ermittlungen zur frühen Thüringer Bach-Überlieferung und zu einigen Weimarer Schülern und Kollegen Bachs*, Bach-Jahrbuch 2015, S. 123.

187 Vgl. Williams, *Bachs Orgelwerke*, Bd. 1, S. 324.

188 Peter Wollny, *Der Schleizer Organist Johann Jacob Kieser und seine Abschriften von Werken Johann Sebastian Bachs*, Bach-Jahrbuch 2018, besonders S. 83.

189 So schon NBA IV/7 (Dietrich Kilian), Kritischer Bericht, S. 144–145.

190 Jean-Claude Zehnder, *Zur Überlieferung von Bachs Passacaglia c-Moll BWV 582*, in: A Fresco – Mélanges offerts au Professeur Etienne Darbellay, Brenno Boccadoro & Georges Starobinski Editeurs, Peter Lang, Bern 2013.

N. Mus. ms. 10813, geschrieben von Johann Christoph Oley (1738–1789), lautet der Titel »Paßacaglio, con Pedale pro Organo pleno«; der Notentext ist freilich recht fehlerhaft, sodass es naheliegt, auch bezüglich der Registrierung weitere Möglichkeiten in Betracht zu ziehen.

In der Überlieferungskette der Passacaglia spielt der Bach-Verehrer Felix Mendelssohn Bartholdy eine wichtige Rolle; er hat dieses Werk auch gerne gespielt, beispielsweise in seinem berühmten Leipziger Konzert von 1840.[191] In einem Brief an seine Schwester Fanny vom 18. Juni 1839 erzählt er von einer Begegnung mit dem Kapellmeister Carl Wilhelm Ferdinand Guhr; dieser offerierte ihm aus seiner Autographen-Sammlung ein Geschenk, entweder die Passacaglia oder das Orgelbüchlein. Mendelssohn wählte das Orgelbüchlein, und vermutlich – das folgende ist hypothetisch – erbat er sich die Gunst, die Lesarten der Passacaglia von Guhrs »Autograph« in sein Exemplar zu übertragen. Dieses liegt heute in der Bodleian Library in Oxford; es ist ein früher Druck aus dem Verlag Dunst in Frankfurt a. M. (um 1831), in dem mit Rotstift fehlende Haltebögen und weitere Kleinigkeiten ergänzt sind. Nach Auskunft des emeritierten Bibliothekars Peter Ward Jones stammen diese Eintragungen von Mendelssohns Hand. Die Handschrift, die Guhr als »Autograph« bezeichnete, ist heute nicht mehr greifbar und so ist auch nicht zu beweisen, dass es sich tatsächlich um Bachs Autograph handelte. Immerhin sind die Abweichungen von der genannten handschriftlichen Quellengruppe sehr charakteristisch für Bachs späte Revisionen eigener Werke. Auf einer Abschrift des *Guhr-Autographs* beruht auch Friedrich Konrad Griepenkerls Peters-Ausgabe aus dem Jahr 1844; sie ist praktisch identisch mit der Rotstift-Fassung Mendelssohns und wird heute – so auch in der NA – meist als maßgeblicher Notentext betrachtet.

Mendelssohn wird dafür gerühmt, die Variationen der Passacaglia feinsinnig registriert zu haben: »21 Variationen, genialisch genug in einander gewunden, daß man nur immer erstaunen muß, auch von Mendelssohn vortrefflich in den Registern behandelt« (Robert Schumann).[192] Ähnlich äußert sich Griepenkerl: man solle »mit verschieden registrierten Klavieren an deutlich zu erkennenden Stellen abwechseln, um größere Mannigfaltigkeit zu erzielen«.[193] Zur Interpretation im frühen 19. Jahrhunderts vermittelt uns der englische Bach-Verehrer Henry John Gauntlett (1805–1876) genauere Details. Er publizierte eine neun Bände umfassende Sammlung von Bach-Werken, teils originale Orgel- und Klavierwerke, teils Transkriptionen aus Vokal- und Instrumentalwerken (London 1838, weitere Bände bis 1851). Zwar ist nicht zweifelsfrei festzustellen, ob die Interpretationsangaben auf Mendelssohn zurückgehen, doch war das für deutsche Orgelmusik unumgängliche Pedalspiel in England erst möglich, seit einige der nach wie vor kleinen englischen Orgeln überhaupt

191 Matthias Pape, *Mendelssohns Leipziger Orgelkonzert 1840*, Breitkopf & Härtel, Wiesbaden 1988.
192 Pape, S. 24.
193 Griepenkerl/Peters-Ausgabe, Bd. 1, Vorwort, S. IV.

eine Pedalklaviatur bekommen hatten. Und für diese Entwicklung waren Mendelssohns England-Reisen und Konzerte in London und Birmingham ein wichtiges Stimulans.[194]
Folgende Hinweise finden sich in der Gauntlett-Edition:

Vor den Systemen: LARGHETTO. APPASSIONATO
Var. 1 (T. 8): Swell, Dia[pason]ˢ ***pp***, später einige Angaben wie cresc., dim.
Var. 3 (T. 24): 2ᵈ. Clav.
Var. 4 (T. 32): Choir, One Clavier
Var. 5 (T. 40): Full Org.
Var. 6 (T. 48): Diapasons G[rea]t
Var. 9 (T. 72): Full
Var. 10 (T. 80): Choir [bei Oberstimme], Swell, ***mp*** [bei den Mittelstimmen]; Two Claviers
Var. 11 (T. 88): Two Claviers
Var. 12 (T. 96): Full
Var. 14 (T. 112): Two Claviers
Var. 15 (T. 120): Choir
Var. 16 (T. 128): Full
Var. 17 (T. 136): Two Claviers
Var. 18 (T. 144): Diap[ason]ˢ G[rea]t
Var. 19 (T. 152): Full
Var. 20 (T. 161): cresc. to ***fff***

Die Fuge enthält keine Registrierangaben; der Übergang von der Passacaglia zur Fuge wird oben im Notenbeispiel 5c gezeigt.
Bemerkenswert scheint mir insbesondere, dass das Plenum (»Full«) mehrmals im Laufe des Stücks erscheint. Cum grano salis könnte man sagen, die Registrierung der einzelnen Variationen ist etwa so, wie man Orgelbüchlein-Choräle aufgrund ihrer Motivstruktur registrieren würde. Diese Ausgabe dokumentiert jedenfalls klar, dass eine Anlage als Crescendo um 1830–40 (noch) nicht aktuell war.
Ein entscheidender Schritt in der Bach-Interpretation des 19. Jahrhunderts ging von Franz Liszt und von der Ladegast-Orgel im Dom zu Merseburg (1855) aus. Johann Gottlob Töpfer (1791–1870) und Alexander Wilhelm Gottschalg (1827–1908) geben detaillierte Angaben

194 Nicholas Thistlethwaite, *Mendelssohn und die englische Orgel*, in: *»Diess herrliche, imponirende Instrument« – Die Orgel im Zeitalter Felix Mendelssohn Bartholdys*, hrsg. von Anselm Hartinger, Christoph Wolff und Peter Wollny, Breitkopf & Härtel, Wiesbaden 2011, S. 175f.

zur Registrierung, meist von Variation zu Variation wechselnd.[195] Beide beginnen im Sinne eines Crescendos bei Var. 1 mit »Flauto 8 Fuss« und bauen danach den Klang sukzessive auf, wobei in den Variationen das Cornet (nicht die Mixtur) zum Zuge kommt. Die drei Manualiter-Variationen werden auf einem Nebenmanual gespielt und bei der Arpeggio-Variation (T. 120) bis zu Flöte 4' allein ausgedünnt. Dass gegen Ende des Jahrhunderts eine Crescendo-Interpretation üblich war, bestätigt etwa Max Regers Passacaglia f-moll op. 63/6.

Nur zu wenigen Orgelwerken gibt es so viele Kommentare wie zur Passacaglia, wobei meist die Gruppierung der Variationen zur Diskussion steht. Einerseits ergeben sich durch gemeinsame Motive Gruppierungen von zwei oder drei Variationen: Var. 1–2 (Lamento-Motive), Var. 6–8 (stufenweise Sechzehntel), Var. 10–11 (ausgreifende Skalen, Stimmtausch), Var. 19–20 (doppelschlagartige Sechzehntel). Var. 3–5 zeichnen sich durch fortschreitende rhythmische Intensivierung aus, Var. 13–15 durch das Fehlen des Pedals. Andererseits profilieren sich einige Variationen durch prononciert selbständige Motive und lassen sich kaum einer Gruppe zuordnen. Man mag dabei speziell an Parallelen zum Orgelbüchlein denken: in Var. 9 ist das Motiv aus »Herr Christ, der ein'ge Gottes Sohn« BWV 601, in Var. 12 das Treppenschritt-Motiv wie in »Christ lag in Todesbanden« BWV 625 präsent. Diese einzeln stehenden Variationen umschließen die durch Stimmtausch verbundenen Var. 10–11. Von einer Mittelachse kann man freilich nur sprechen, wenn das einstimmige Anfangsthema vernachlässigt wird. Das von mehreren Kommentaren jeweils etwas abweichend gegebene Schema sieht etwa folgendermaßen aus:

[1] – 2 – 3 – 3 – 1 – [2] – 1 – 3 – 3 – 2[196]

So faszinierend solche Proportionsgedanken sind, so ist nicht zu verkennen, dass es im Spätwerk dazu weit deutlichere Beispiele gibt (→ S. 101f.). In der Passacaglia – und das ist fürs Spiel besonders wichtig – wird der Höreindruck stark von sich entwickelnden Aspekten bestimmt. Dies betont Yoshitake Kobayashi, der »the principle of growth« (Wachstum, Entwicklung) höher gewichten möchte als die Symmetrie-Gedanken.[197] Zudem ist zu bedenken, dass Bach nicht ein Werkpaar »Passacaglia und Fuge« geschrieben hat. Vielmehr handelt es sich um *ein* Werk, dessen beide Teile eng verschränkt sind: das »Thema fugatum« wächst aus dem Schlussakkord der Passacaglia heraus; der »Fuga cum subjectis« (so in

195 Die folgenden Angaben nach Pier Damiano Peretti, *Note ostinate – Itinerari dell'interpretazione bachiana sull'esempio della Passacaglia in do minore*, Zeitschrift Arte Organaria e Organistica, Edizione Carrara, Heft 2003/2 und nach Ewald Kooiman, *»Das ist ja etwas ganz Anderes!«*, Zeitschrift Het Orgel, Jg. 1983, S. 306f.

196 Christoph Wolff, *Die Architektur von Bachs Passacaglia*, Acta organologica Bd. 3 (1969), S. 183–194. Peter Williams stellt fünf voneinander abweichende Gruppierungen nebeneinander und folgert, alle Gruppierungen seien »verdächtig« (*Bachs Orgelwerke*, Bd. 1, S. 331).

197 Yoshitake Kobayashi, *The variation principle in J. S. Bach's Passacaglia in C minor BWV 582*, in: Bach Studies 2, hrsg. von Daniel R. Melamed, Cambridge University Press 1995.

der Frühfassung) ist sogleich das erste Kontrasubjekt beigegeben. Als weitere Zäsur fällt der Schluss der letzten Manualiter-Variationen auf; in ihrem *arpeggiando*-Duktus wird das c^3 erreicht, bevor das Pedal (mit sechsstimmigem Satz) wieder eintritt. Wenn wir diese beiden Zäsuren zentral setzen, ergeben sich folgende Taktgruppen: 128 + 40 + 124 Takte; die fünf Schlussvariationen (nach der Manualiter-Gruppe) bilden somit ein Zentrum des *ganzen* Werks.

Wie also sollen wir die Passacaglia spielen? Gehen wir einmal davon aus, dass Bach – wie oben dargestellt – für die Fuge wohl einen einheitlichen vollen Orgelklang wünschte. Das ganze Werk im Organo pleno zu spielen, verlangt einen außerordentlich großen Atem und, meines Erachtens, eine gewisse fast tänzerische Leichtigkeit des Dreiertaktes. Vertraut man den im Internet kursierenden Aufnahmen, so ist der Beginn im Organo pleno heute vorherrschend; trotzdem möchte ich für eine »sich entwickelnde« Interpretation eine Lanze brechen. Sie geht vom Lamento-Affekt der Var. 1–2 aus, der bei einem Mixtur-Klang meist nicht genügend zum Ausdruck kommt. Die Oberstimme ist hier das wichtigste Element: in jedem Takt wird die Auflösung der Dissonanz mit einer subtilen Ausweichung »verziert«, bei François Couperin *accent* genannt, beim Flötisten Hotteterre mit dem Zusatz »pour donner plus d'expression«.[198] Noch deutlicher sagt uns die durch sanfte Vorschlagsnötchen verzierte Fassung,[199] dass hier keinesfalls an eine Punktierung im Sinne der Ouvertüre zu denken ist. Wer den Lamento-Beginn betonen möchte, wird demnach eine Prinzipal-Registrierung bevorzugen. Eine großflächige Lösung könnte so aussehen: die ersten 12 Variationen erhalten eine Prinzipalfarbe (etwa 8', 4', 3', 2'; Pedal zusätzlich mit Trompete 8'), die drei Manualiter-Variationen eine leichtere Registrierung auf einem Nebenmanual, und schließlich wird zu einem Vollklang gewechselt, der dann bis zum Ende der Fuge bestehen bleibt. Auf diese Weise kommen sowohl der Lamento-Beginn als auch die »große Linie« zu ihrem Recht. Wenn wir bedenken, dass die Passacaglia nahe bei den kontrastreichen Frühwerken entstanden ist, so mögen auch weitere Klangwechsel im Sinne der oben genannten Gruppen ihre Berechtigung haben.[200] Wie schwierig ist es doch, Bachs Absicht zu erraten!

198 Principes de la Flute Traversière [...] par le Sieur Hotteterre-le Romain, Faksimile mit deutscher Übersetzung von Hans Joachim Hellwig, Bärenreiter, Kassel etc. 1941 und öfter, S. 29.

199 NA, Bd. 4, online.

200 Weitere Ideen dazu im genannten Aufsatz von Peretti (vgl. Fußnote 195).

HINTERGRÜNDE – SYMBOLIK

Schon mehrfach fiel auf, dass ein im »Hintergrund« wirkender Gedanke für das Spiel wesentlich werden kann (→ S. 44); ein Überblick über dieses große Gebiet scheint deshalb angezeigt. Mit dem allgemein verständlichen Begriff Symbolik (Arnold Schering: »Bach und das Symbol«) fasse ich zusammen, was spezieller durch Allegorie, Metapher, Sinnbild und ähnliche Begriffe differenziert werden kann. Symbole sind fassbare Zeichen, die auf einen höheren Bereich verweisen. Auch Bach scheint diesem Wort eine umfassende Bedeutung zuzuschreiben, wenn er dem Kanon BWV 1077 die Beischrift gibt: »Symbolum. Christus Coronabit Crucigeros«.
Wohl jeder Spieler möchte die von ihm gespielte Musik *verstehen*; das Gebiet der Hermeneutik erfährt seit einiger Zeit eine erneute Wertschätzung.[201] *Musik verstehen* ist ein Hauptanliegen der Schriften von Hans Heinrich Eggebrecht.[202] Weist Musik über sich selbst hinaus? Ist sie *an sich* Symbol? Oder ist sie nur Spiel? Selbst für Eduard Hanslick (»tönend bewegte Form«) sind die Töne »geistfähiges Material«.[203]. Das Folgende ist zu verstehen als Anregung, wie die Leserin, der Leser sich den Orgelwerken Bachs verstehend weiter nähern kann. Indes: »Auch Kunst darf einfach genossen werden«.[204]

Textbezug

Vom oben genannten Bach-Schüler Johann Gotthilf Ziegler (→ S. 30) stammt die Aussage, Bach habe »die Lieder nicht nur so oben hin, sondern nach dem *Affect* der Wortte« gespielt.[205] Obwohl unklar bleibt, welche »Lieder« hier gemeint sind, ist mit dem Liedtext der Orgelchoräle eine wichtige Ebene angesprochen. Noch der große Bach-Biograph Philipp Spitta empfindet im Jahr 1873 – vor dem Hintergrund der »absoluten Musik« – eine »äußerliche Malerei«[206] als der Größe Bachs unangemessen. Wohl als erster benennt dann Albert Schweitzer »Schrittmotive«, »Freudenmotive«, »Motive des Schmerzes« und so weiter.[207] Auslöser dafür war Schweitzers Verehrung für Richard Wagner, dessen »poetische Idee« ein Stück weit mit Bachs deskriptiver Textumsetzung parallelgesetzt wird. Schlagwortartig bezeichnet Schweitzer das Orgelbüchlein als »Wörterbuch der Bachschen Tonsprache«.[208] Nun ist bei manchen Orgelbüchlein-Motiven eine Beziehung zum Liedtext offenkundig,

201 Gernot Gruber, Siegfried Mauser (Hg.), *Musikalische Hermeneutik im Entwurf*, Laaber 1994, S. 7–9.
202 Z. B. Hans Heinrich Eggebrecht, *Musik im Abendland*, Piper, München 1991.
203 Zitiert nach Dahlhaus, *Musikästhetik*, S. 80.
204 Gruber, in: *Musikalische Hermeneutik im Entwurf* (wie Fußnote 201), S. 13.
205 Dok II, Nr. 542.
206 Spitta, *Bach*, Bd. 1, S. 592.
207 Schweitzer, *Bach*, S. 425f.
208 Schweitzer, *Bach*, S. 247.

indes gibt es auch Choräle, bei denen im Anschluss an die Tradition der Choralpartita eine »handwerksmäßige« Motivverwendung nicht zu verleugnen ist.[209]
Arnold Schering machte wenig später auf die Lehre der musikalisch-rhetorischen Figuren aufmerksam, die nach dem Vorbild der antiken Rhetorik eine Verbindung der Satztechnik zu affektiven Bereichen ermöglicht.[210] In der Folge haben weitere Autoren den Bezug zur Rhetorik genauer dargestellt und den Zugang erleichtert, bis hin zu Dietrich Bartel, der ein alphabetisch geordnetes Verzeichnis der rhetorischen Figuren bietet.[211] Durch Kombination von etwa 20 Autoren des 17. und 18. Jahrhunderts wird eine kohärente Lehre suggeriert, die es in dieser Form wohl nie gegeben hat. Mit anderen Worten: das Etikettieren mit rhetorischen Begriffen sollte nicht überstrapaziert werden.[212] Die auffallenden Pedalsprünge in »Durch Adams Fall ist ganz verderbt« BWV 637 können mit dem lateinischen Begriff »saltus duriusculus« (ein etwas harter Sprung) bezeichnet werden; doch gerade diese bildhaften Figuren sind oft unmittelbar verständlich.[213] Oder ein anderes Beispiel: die geballte Chromatik zum Text »durch das bittre Leiden sein« (3. Zeile von »Jesus Christus, unser Heiland« BWV 665) wirkt nach Martin Geck »ohne besonderes Wissen« und »Bach selbst scheint von den Worten ‚bitter Leiden' heftig und sinnlich angerührt worden zu sein«.[214] Der Umweg über den Figurbegriff »Passus duriusculus« ist beinahe entbehrlich.

Arnold Schmitz weist schon durch den Titel seines Buches auf diese »Bildlichkeit« hin und zieht als treffendes Beispiel den genannten Orgelbüchlein-Choral »Durch Adams Fall« heran. Er referiert zahlreiche ältere Deutungen, die großenteils *assoziativ* zustande kamen, ist aber der Meinung, »mit der Figuren-These erheblich weiter zu kommen«. Die gewundene Führung des Tenors (T. 1–3) als Bild der Schlange ist seit Albert Schweitzer im Gespräch; nach Schmitz bestätigt der Figur-Begriff (*Hypotyposis*, bildhafte Figuren) diese Sicht.[215] Das zuerst exponierte Motiv enthält – nach Ansicht von Arnold Schmitz – keine echte Chromatik, da der Halbtonschritt durch eine Wechselnote umgangen sei. Für den Höreindruck ist aber der schmerzliche Zug unmittelbar zu vernehmen. Und ein wichtiges Detail scheint dies zu bestätigen: Zur 3. Choralzeile (nach dem Doppelstrich) tritt das Motiv in umgekehrter Richtung auf: diese nun steigende Chromatik korrespondiert mit dem Text: »ohn Gottes Trost, der uns erlost«. Die »erlösende« Farbe mag hintergründig sogar ins Spiel einfließen. Diese letzte Beobachtung geht über Schmitz' Deutung hinaus – eine Ermutigung zum eigenen Suchen.

209 Man bedenke, dass von Sweelinck bis Pachelbel dieselben Motive für fröhliche und traurige Lieder verwendet werden. In die gleiche Richtung weisen Doppeltitel, z. B. »Wo soll ich fliehen hin oder Auf meinen lieben Gott« im zweiten Stück der Schübler-Choräle BWV 646.

210 Arnold Schering, *Die Lehre von den musikalischen Figuren*, Kirchenmusikalisches Jahrbuch 1908, S. 106–144.

211 Dietrich Bartel, *Handbuch der musikalischen Figurenlehre*, 3. revidierte Auflage, Laaber 1997.

212 An kritischen Stimmen seien genannt: Hiemke, *Orgelbüchlein*, S. 80; Forchert, *Bach*, S. 202; Janina Klassen, *Musica poetica und musikalische Figurenlehre – ein produktives Missverständnis*, Jahrbuch des Staatlichen Instituts für Musikforschung Preußischer Kulturbesitz 2001, S. 73–83.

213 Schmitz, *Bildlichkeit*, S. 68; Figuren können auch satztechnische Hintergründe haben, siehe dazu Wolfgang Budday, *Musikalische Figuren als satztechnische Freiheiten in Bachs Orgelchoral »Durch Adams Fall ist ganz verderbt«*, Bach-Jahrbuch 1977, S. 139.

214 Martin Geck, *»Denn alles findet bei Bach statt« – Erforschtes und Erfahrenes*, Stuttgart und Weimar 2000, S. 75.

215 Schmitz, *Bildlichkeit*, S. 72.

Johann Kuhnau lässt in seiner Biblischen Sonate »Der todtkrancke und wieder gesunde Hiskias« (publiziert 1700) zweimal die Choralmelodie »Ach Herr, mich armen Sünder« einfließen. In einem die biblische Geschichte nacherzählenden Text gibt Kuhnau fast beiläufig bekannt, es handle sich um die Strophen »Heil du mich, lieber Herre«, später dann »Weicht all ihr Ubelthäter, mir ist geholffen schon«.[216] Sollen wir annehmen, die Hörer des Stücks hätten in eigener Regie jeweils die richtige Strophe mitgehört? Nur auf den ersten Blick ist dies unwahrscheinlich; in heute kaum mehr vorstellbarer Weise waren die Menschen damals mit dem lutherischen Liedgut vertraut. Wie phantasievoll Bach die Kirchenlieder einsetzt, kann man sich anhand der Kantaten vergegenwärtigen: in Chören, Arien und sogar Rezitativen sind jeweils verschiedene Choral-Strophen eingewoben. So wird nicht ohne Grund in manchen Kommentaren ein Orgelchoral auf eine bestimmte Strophe des Liedes bezogen; bei frühen Choralbearbeitungen scheint mir dies sinnvoller als etwa in Klavier-Übung III.

Analog zum oben angesprochenen Kontrastprinzip im Frühwerk (→ S. 57f.) ist dort auch der Textbezug oft »punktuell«: Die Worte »durch manchen sauren Tritt« in der Kantate »Gott ist mein König« BWV 71 (1708) werden durch eine ganz kurze chromatische Floskel herausgehoben (Arie mit Choral »Ich bin nun achtzig Jahr«, T. 22). Im frühen Orgelchoral »Jesus Christus, unser Heiland, der von uns den Gotteszorn wandt« BWV 665 sind die Textzeilen 3 und 4 (»durch das bittre Leiden sein half er uns aus der Höllenpein«) durch Chromatik (→ S. 39) beziehungsweise durch ein auffahrendes 32stel-Motiv dargestellt; jede Zeile wird mit Kadenz abgeschlossen und danach hebt eine neue Thematik an. In der großen Bearbeitung über das gleiche Lied BWV 688 (Klavier-Übung III, 1739) ist der Textbezug innerhalb eines einheitlichen thematischen Konzepts eingebracht.[217]

Symbolsprachen

Wir sollten uns bewusst sein, wie stark die symbolische und allegorische Dimension der Barockzeit in der 2. Hälfte des 18. Jahrhunderts in Misskredit geraten ist, ja geradezu vergessen wurde. Erst intensive Forschung hat die Welt der Embleme, der Impresen und Hieroglyphen wieder bekannt gemacht. Man kann sich dies vergegenwärtigen durch den Vergleich eines Barock-Gedichts, etwa Angelus Silesius' »Die Psyche begehrt ein Bienelein auff den [Rosen-]Wunden JEsu zu seyn«[218] mit der klassischen Sprache eines Goethe. Einige Hinweise zum Denken, zu Bildern der Bach-Zeit und des 17. Jahrhunderts mögen dies konkretisieren.

216 Johann Kuhnau, Sämtliche Werke für Tasteninstrumente, hrsg. von Norbert Müllemann, G. Henle Verlag, München 2014, S. 152.

217 Jean-Claude Zehnder, *Johann Sebastian Bachs Choraltrio über »Jesus Christus, unser Heiland, der von uns den Gotteszorn wandt« BWV 688*, Martin Geck – Festschrift zum 65. Geburtstag, hrsg. von Ares Rolf und Ulrich Tadday, Klangfarben, Dortmund 2001, S. 269–284.

218 Louise Gnädinger, *Rosenwunden*, in: Deutsche Barocklyrik, Gedichtinterpretationen von Spee bis Haller, hrsg. von Martin Bircher und Alois M. Haas, Francke, Bern 1973, S. 97–133.

Dem Namen Andreas Werckmeister sind wir schon öfter begegnet; J. G. Walther hatte den Organisten und Musiktheoretiker 1704 besucht, ein Indiz, dass er für Bachs frühe Zeit als Autorität gelten kann. Neben Fragen zum Orgelbau und zur Temperierung finden sich in seinen Schriften viele transzendente Bezüge in der Tradition von Athanasius Kircher und Johannes Kepler; der Musik wird in dieser Sicht – als Abbild, als Mikrokosmos der göttlichen Schöpfung – eine auf Zahlen basierende Ordnung zugewiesen (→ S. 103f.).[219]
In Bachs Bibliothek standen manche Bücher aus dem lutherischen Schrifttum, zum Beispiel die *Evangelische Schluß-Kette* von Heinrich Müller und die Bücher von Johannes Olearius und Caspar Heunisch (→ S. 105).[220] Bachs Kantaten-Texte stammen von Poeten, die mit der lutherischen Tradition der Schriftauslegung verbunden waren. Martin Petzoldt ist in einer beeindruckenden Dokumentation diesen Verknüpfungen nachgegangen; meist stützt er sich auf die *Biblische Erklärung* von Johannes Olearius (1639–1713), ein Buch, das stark dem *Wort* verbunden ist, getreu Luthers Devise *sola scriptura*.[221]
Andere Symbolsprachen arbeiten mit Bildern, so besonders die weitverbreiteten Embleme: ein Bildteil wird mit einem oder mehreren Textanteilen verbunden, oft mit kryptischem, deutungsbedürftigem Bezug. Ursprünglich sind die Embleme mit »nahezu allen Themen menschlicher Existenz verbunden«, später wurden Geistliche Erbauungsbücher, *Emblemata sacra*, beliebt.[222] In Heinrich Müllers *Himmlischer Liebes-Kuß* (1669, 3. Auflage) sind einige Menschen abgebildet, die je ein Kreuz auf der Schulter tragen. Bachs oft gedeutete Kantate »Ich will den Kreuzstab gerne tragen« BWV 56 erfährt so – wie Renate Steiger ausgeführt hat – einen anschaulichen Transfer ins physische Leben.[223]
Die oben angedeutete Entwicklung vom Barock zur Klassik lässt sich veranschaulichen an der Kontroverse Mattheson–Buttstett. Der bereits mehrfach herangezogene Johann Mattheson (1681–1764), im weltoffenen Hamburg mit aufklärerischen Ideen aus England und Frankreich vertraut, möchte das Denken über Musik »vom Schulstaub tüchtig

219 Rolf Dammanns Buch *Der Musikbegriff im deutschen Barock* gründet stark auf den Aussagen Werckmeisters, z. B. S. 80 und S. 442.

220 Dok II, Nr. 627; bei Thomas Wilhelmi (Bach-Jahrbuch 1979, S. 107f.) mit vollständigen Titeln; Robin A. Leaver; *Bachs theologische Bibliothek – Bach's theological Library*, Beiträge zur theologischen Bachforschung 1, Stuttgart 1983.

221 Martin Petzoldt, *Bach-Kommentar – Theologisch-musikwissenschaftliche Kommentierung der geistlichen Vokalwerke Johann Sebastian Bachs*, Schriftenreihe der Internationalen Bachakademie Stuttgart, Bd. 14.1 und 14.2, Bärenreiter, Kassel etc. 2004 und 2007, zu Olearius besonders S. 14. Der Text von Olearius ist abrufbar bei Bayerische Staatsbibliothek digital.

222 Ingrid Höpel, *Emblem und Sinnbild – Vom Kunstbuch zum Erbauungsbuch*, Athenäum, Frankfurt a. M. 1987; Carsten-Peter Warncke, *Symbol, Emblem, Allegorie*, Deubner, Köln 2005, S. 43, 66 und 122f.; Deutsche Barocklyrik (wie Fußnote 218); Pochat, *Ästhetik und Kunsttheorie*, S. 327.

223 Renate Steiger, *Eine emblematische Predigt: Die Sinnbilder der Kantate »Ich will den Kreuzstab gerne tragen« (BWV 56) von Johann Sebastian Bach*, Zeitschrift Musik und Kirche 1990, S. 63–81. Zum Text der Kreuzstab-Kantate vgl. Christine Blanken, *Christoph Birkmanns Kantatenzyklus »Gott-geheiligte Sabbaths-Zehnden« von 1728 und die Leipziger Kirchenmusik unter J. S. Bach in den Jahren 1724–1727*, Bach-Jahrbuch 2015, S. 46.

säubern«;[224] so ist ihm die zahlenbezogene Ordnung der Musik (→ S. 103) nicht mehr wichtig. Vielmehr sei einzig das Gehör »der *Canal*, durch welchen ihre Krafft in das innerste der Seelen eines aufmercksamen Zuhörers eindringet«.[225] Mattheson gibt uns wichtige Informationen für viele praktische Bezüge, vor allem im Bereich der melodischen Gestaltung. Sein erstes Buch, »Das Neu-Eröffnete *Orchestre*« (Hamburg 1713) provozierte eine Antwort, die nicht von ungefähr aus dem traditionsbewussten Thüringen kam. Johann Heinrich Buttstetts Entgegnung »UT, MI, SOL, RE, FA, LA , tota Musica et Harmonia Aeterna« (Erfurt 1716) rekapituliert nochmals die theologisch fundierte, oft ausdrücklich auf Werckmeister bezogene Lehre.[226] Bach wirkte bis 1717 am Weimarer Hof, unweit von Erfurt, so dass ihm diese Auseinandersetzung nicht verborgen bleiben konnte. Buttstetts Festhalten an der altehrwürdigen Solmisation war fraglos ein alter Zopf, doch sein musikalisches Weltbild könnte in Thüringen noch weitgehend aktuell gewesen sein. Zu Bachs Position in diesem Wortgefecht sind keine Dokumente überliefert.

Proportion

Fragen der Proportion gehören für die meisten Menschen ins Gebiet der Architektur. Geometrisches Messen von Höhe und Breite, ein klarer Grundriss sind Qualitäten eines bedeutenden Baumeisters, etwa von Andrea Palladio, der sich auch theoretisch zu diesen Fragen geäußert hat.[227] Einen direkten Brückenschlag von der Geometrie zur Musik finden wir bei Johannes Kepler – heute meist als Astronom gewürdigt, aber im umfassenden Sinn ein Weltweiser. Seine *Harmonice Mundi Libri V* (Linz 1619) beginnen mit der Darstellung von geometrischen Grundlagen, doch schon das dritte Buch beschäftigt sich mit den Proportionen der Töne und mit Musiktheorie.[228] Werckmeister zieht ihn oft heran; auf diese Tradition können wir »Grundrisse« in Bachs Musik beziehen.

Wohl das bekannteste Beispiel einer ausgewogenen Proportionierung zwischen zwei thematischen Ebenen ist das große, der Leipziger Zeit zugehörige Präludium in c-moll BWV 546/1. Zu Beginn erklingt ein 24 Takte umfassender »Hauptsatz« (Ritornell), der am Ende (T. 119) wiederholt wird; er hat eine teils akkordisch (T. 1), teils melodisch betonte Struktur (T. 10). Mit T. 25 setzt ein »Ricercar-Thema« (Tenor) ein, dem eine in Triolen schwingende Gegenstimme beigegeben ist; dem Hauptsatz (T. 1–24) wird somit eine fugenartige zweite Ebene zur Seite gestellt (»Seitensatz«). Dass hier wiederum ein Abschnitt mit 24 Takten entsteht, dürfte Bachs Liebe zu ausgewogenen Proportionen zuzuschreiben sein. Weiter

224 Mattheson, *Das beschützte Orchestre*, Titelblatt, Hamburg 1717.
225 Mattheson, *Orchestre* (1713), S. 126f.
226 Buttstetts UT MI SOL ist greifbar bei Bayerische Staatsbibliothek digital.
227 I QUATTRO LIBRI DELL' ARCHITETTURA (1570), Reprint Mailand 1980.
228 Johannes Kepler, *Weltharmonik*, übersetzt und eingeleitet von Max Caspar, Oldenbourg, München 1978 (erste Auflage 1939).

geht der Blick zum Abschnitt vor dem »Da Capo« des Hauptsatzes (T. 97–119): die Taktzahl 23 kann man verstehen als Kompensation zum hinzugefügten Schlussakkord (T. 144); freilich ist dieser »Seitensatz«, wiewohl mit denselben thematischen Elementen bestückt, anders strukturiert als der erste. Dazu später. Eine Großgliederung in 48+48+48 Takte wird unterstrichen durch die Stationen g-moll und f-moll (Dominante und Subdominante) an den genannten Punkten.

Nun bleibt noch der Zentralteil mit 48 Takten zu beschreiben; auch hier ist ein ausgewogenes Verhältnis der Teile realisiert, jedoch unterteilt in kleinere Abschnitte: die 24 Takte des Hauptsatzes erklingen in Abschnitten von 4, 8 und 12 Takten (T. 49–52, T. 70–77, T. 85–96), unterbrochen von 17 und 7 Takten der fugenartigen zweiten Ebene. Die Abschnitte mit 4 und mit 8 Takten stehen, verglichen mit dem ersten Hauptsatz, eine Quint höher (g-moll), der 12taktige Abschnitt dagegen um eine Quint tiefer (f-moll); dazwischen findet die stärkste harmonische Bewegung statt.

Wir nähern uns damit einem Geheimnis der Bachschen Proportionierung: die bisher genannten Taktzahlen könnten die Vermutung nähren, das Ganze sei auf eine klar artikulierte Mitte ausgerichtet. Gerade dies ist aber nicht der Fall; ein Zentrum der Intensität ist *nach* der Mitte platziert, markiert durch das gleichzeitige Anschlagen des höchsten und des tiefsten Tones der damaligen Orgel in T. 85. Auch der Ges-dur-Akkord über dem Orgelpunkt *B* (T. 91) bleibt im dramatischen Gestus. Zudem hält die Weiterführung des Pedals in T. 97–104 die Spannung auf hohem Niveau und die Abschnittsgrenze zum Seitenthema (T. 96–97) ist stark verschränkt (ein Manualwechsel kaum möglich); bis zum tiefsten Ton des Pedals (T. 103) und zum c^3 im Sopran (T. 104) wird die Intensität weitergeführt. Danach – singulär im ganzen Stück – bewegt sich der Satz über 12 Takte hin in fallender Richtung, bis in T. 117 die Oberstimme auf dem Ton c^1 angelangt ist. Die Proportionierung in 48+48+48 Takte tritt in einen Dialog mit dem dramaturgischen Konzept: für den zeitgebundenen Verlauf des Hörens wäre es wenig attraktiv, wenn der Höhepunkt der Intensität genau in die Werkmitte gelegt und danach einer gewissen Entspannung (sprich Langeweile) Platz gegeben würde. Bach vereinigt »pythagoreische« Proportionierung mit moderner Dramaturgie.[229]

Als zweites Beispiel sei kurz das h-moll-Präludium BWV 544 herangezogen. Hier ist die Werkmitte mit 42+42 Takten durch die fis-moll-Kadenz klar ausgesprochen. Doch tritt in der zweiten Werkhälfte ein stärker entwickelndes Moment in Erscheinung (neue Motive ab T. 54); wieder sind Proportion und Entwicklung in unnachahmlicher Weise in Einklang gebracht.

229 Als erster hat meines Wissens der Organist Leo Kathriner (Fribourg/Schweiz) auf diese Zahlenverhältnisse hingewiesen (Zeitschrift Musik und Gottesdienst, 1952); Jean-Claude Zehnder, *Zur Konzertform in einigen späten Orgelwerken Johann Sebastian Bachs*, in: Alte Musik – Praxis und Reflexion, Sonderband der Reihe »Basler Jahrbuch für Historische Musikpraxis« zum 50. Jubiläum der Schola Cantorum Basiliensis, Amadeus, Winterthur 1983.

Für eine solche Proportionierung wird oft das Dictum aus dem apokryphen Buch der Weisheit Salomonis (Kapitel 11, 21) herangezogen; in der Formulierung Andreas Werckmeisters: »Wie nun die *Musicali*schen *Intervalla* nichts anders als Zahlen / und *proportiones* [sind], und GOtt alles in Zahlen / Maaß und Gewichte / und alles in gute Ordnung gesetzet / und gebracht hat / so muß ja ein *Musicus*, ja ein jeder Mensch / sich befleißigen und *studir*en / wie er solcher herrlichen Ordnung nachfolget«.[230] Anknüpfend an die Gedanken zur Passacaglia BWV 582 (→ S. 95) drängt sich die Frage auf: In welchem Alter hat Bach diese Liebe zur Proportion entdeckt? Um es mit Hans-Joachim Schulze zu sagen: dass »bei Johann Sebastian Bach gleichsam von Geburt an alles ‚geordnet nach Maß, Zahl und Gewicht' gewesen sei«, ist eher unwahrscheinlich.[231]

Zahlen

Nicht nur von Proportion, sondern von Zahlen in umfassendem Sinne ist noch zu sprechen. Nochmals Werckmeister: »Die Zahlen 1. 2. 3. 4. 5. 6. und 8. [...] können uns Schatten-Weise das Wesen des Allmächtigen GOttes abbilden«.[232] Auch hier, wie im ganzen Abschnitt, sind nur Hinweise auf die vielen im Bach-Schrifttum zu findenden Deutungen möglich. Unter Organisten beliebt ist die Zahlensymbolik, auch Gematria genannt. Friedrich Smend gilt als Pionier dieser auf dem Zahlenalphabeth gründenden Methode. Seiner Interpretation des *Sterbechorals* »Vor deinen Thron tret ich« BWV 668 kann man sich kaum entziehen: die 1. Choralzeile enthält, angereichert durch einige Verzierungen, 14 Töne (B=2, A=1, C=3, H=8, zusammen 14); darauf verläuft der cantus firmus ohne Zusatztöne, um die Gesamtzahl 41 (JSBACH) nicht zu überschreiten.[233] Meist wird für dieses Zählen die eben angedeutete Gleichsetzung von Buchstaben und Zahlen angewendet; doch hat Ruth Tatlow gezeigt, dass es etwa 50 verschiedene Zahlenalphabete gab.[234]

In vielen Fällen eignet diesem Umgang mit der Zahl eine spielerische Dimension, wie etwa aus dem Titel des mehrbändigen Werks von Georg Philipp Harsdörffer und Daniel Schwenter zu ersehen ist: *Deliciae physico-mathematicae oder mathematische und philosophische Erquickstunden* (Nürnberg 1636).[235] In ähnlicher Weise findet sich in Johann Pachelbels *Hexachordum Apollinis* (1699) eine mit »Kabbala« überschriebene Zahlenspielerei: der »von Kindes-Beinen an allzeit treugeliebte Hertzens-Freund« Johannes Bähr, Weißenfelsischer

230 Werckmeister, *Cribrum Musicum* (dritter Teil des Reprint-Bandes), S. 9f.

231 Hans-Joachim Schulze, *Zur Kritik des Bach-Bildes im 20. Jahrhundert*, in: *Bach-Facetten, Essays – Studien – Miszellen*, Leipzig und Stuttgart 2017, S. 711. Erstdruck in: Bach in Leipzig – Bach und Leipzig, Konferenzbericht Leipzig 2000.

232 Werckmeister, *Paradoxal-Discourse* (letzter Teil des Reprint-Bandes), S. 92.

233 Friedrich Smend, *J. S. Bach bei seinem Namen gerufen*, Kassel 1950.

234 Ruth Tatlow, *Bach and the Riddle of the Number Alphabet*, Cambridge University Press 1991, S. 146–167.

235 Reprint in der Reihe *Texte der Frühen Neuzeit*, Bd. 3, Keip Verlag, Frankfurt a. M. 1991.

Konzertmeister, bringt den Namen Pachelbels mit dem Erscheinungsjahr 1699 in Verbindung.[236] In diesem Fall wird auch die Auflösung mitgeliefert und zwar durch Zuordnung der Buchstaben zu einer speziellen Zahlenreihe:

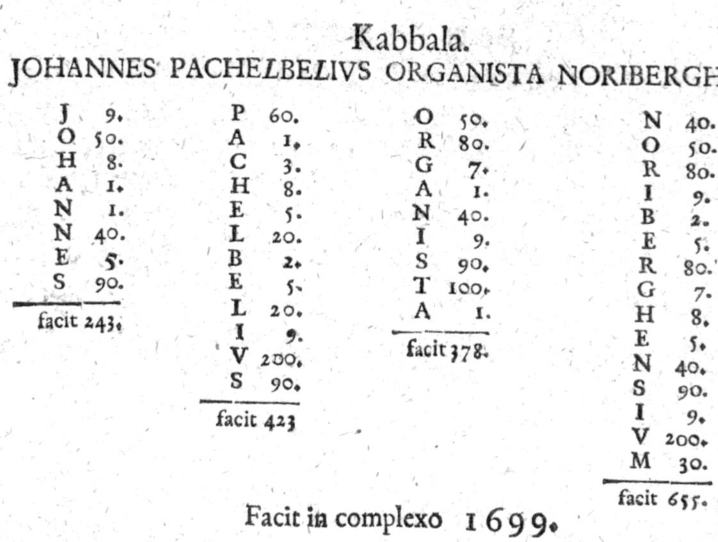

Kabbala.

JOHANNES PACHELBELIVS ORGANISTA NORIBERGHENSIVM.

J	9.	P	60.	O	50.	N	40.
O	50.	A	1.	R	80.	O	50.
H	8.	C	3.	G	7.	R	80.
A	1.	H	8.	A	1.	I	9.
N	1.	E	5.	N	40.	B	2.
N	40.	L	20.	I	9.	E	5.
E	5.	B	2.	S	90.	R	80.
S	90.	E	5.	T	100.	G	7.
facit 243.		L	20.	A	1.	H	8.
		I	9.	facit 378.		E	5.
		V	200.			N	40.
		S	90.			S	90.
		facit 423				I	9.
						V	200.
						M	30.
						facit 655.	

Facit in complexo 1699.

»Kabbala« aus: J. Pachelbel, Hexachordum Appollinis
Bayerische Staatsbibliothek München, *4 Mus.pr. 404*

Zwar ist als wahrscheinlich anzunehmen, dass Bach beim Choral »Vor deinen Thron tret ich« BWV 668 das *natürliche* Zahlenalphabet zugrunde legte, doch wer kann ausschließen, dass er andere Verschlüsselungen mit komplizierteren Systemen vorgenommen hat?
Seit alters – meist wird als Vorbild Pythagoras genannt – werden den Zahlen auch unmittelbare symbolische Bedeutungen beigelegt.[237] »Von der Zahlen geheimen Deutung« handelt das 19. Kapitel von Werckmeisters *Musicalischen Paradoxal-Discoursen* (1707).[238] Abgesehen von ganz offenkundigen Bezügen wie der Drei als Zahl der Trinität oder des Heiligen Geistes treten indes unterschiedliche Deutungen zu Tage. Die Vier wird landläufig meist mit den vier Himmelsrichtungen in Verbindung gebracht, mithin als Repräsentant des irdischen Daseins gesehen; Werckmeister dagegen nennt sie eine »Engel oder Göttliche Zahl«. Die Fünf ist für ihn dann die »Menschliche Zahl«.

236 Faksimile, hrsg. von Rupert Gottfried Frieberger, Edition Helbling, Innsbruck 1994. In der Neuausgabe bei Bärenreiter (BA 2818) ist das Zahlenspiel nicht abgedruckt.

237 Heinz Meyer / Rudolf Suntrup, *Lexikon der mittelalterlichen Zahlenbedeutungen*, Münstersche Mittelalter-Schriften Bd. 56, 1987.

238 Werckmeister, *Paradoxal-Discourse* (letzter Teil des Reprint-Bandes), S. 91f.

Caspar Heunischs *Haupt-Schlüssel über die hohe Offenbarung S. Johannis* (Schleusingen 1684)[239] bezieht die Zahlen der Offenbarung, des letzten Buches der Bibel, auf bestimmte geschichtliche Ereignisse – vergangene und zukünftige. Bach besaß dieses Buch. Johann Jacob Schmidts *Biblischer Mathematicus Oder Erläuterung der Heil. Schrift aus den Mathematischen Wissenschaften* (Züllichau 1736) hat wiederum einen eigenen Horizont; neben dem »gemeinen Gebrauch« der Zahlen kennt er einen »Prophetischen oder mystischen Gebrauch«, einen »veränderlichen oder Tropischen« und schließlich: »Der vierte Gebrauch oder Bedeutung ist Cabalistisch, davon die Juden solch groß Wesen machen«.[240]
Wie stark war Bach mit solchen Inhalten verbunden?

Im 20. und 21. Jahrhundert sind zahlreiche Deutungsversuche auf der Grundlage von Zahlenbezügen, oft mit theologischem Hintergrund, publiziert worden. Genannt seien Frank Berger, Albert Clement, Vincent Dequevauviller (französisch), Gerhard Friedemann, Tobias Gravenhorst, Harry Hahn, Kees van Houten (niederländisch), Thijs Kramer, Gianni Long (italienisch), Wilfried Mellers (englisch), Christian Overstolz, Felix Pachlatko, Ludwig Prautzsch, Michael Radulescu, Ulrich Siegele, Ruth Tatlow (englisch), Wilhelm Werker. Eine Auseinandersetzung mit diesen Gedankengängen würde ein eigenes Buch füllen.

Bachs Glaube

War es eine Zeitlang geradezu Mode, Bachs Kirchenämter sozusagen als Pflichtübungen abzutun,[241] so hat seine transzendente Verankerung eine starke Stütze erhalten, als im Jahr 1969 seine handschriftlichen Randbemerkungen zur Calov-Bibel bekannt wurden. Es handelt sich um eine kommentierte Bibel-Ausgabe des lutherischen Theologen Abraham Calov (1612–1686), die 1733 in Bachs Besitz gelangte. Zum ersten Buch der Chronik im Alten Testament, wo berichtet wird, wie König David den Einsatz der Tempelsänger ordnet, notierte Bach: »N. B. Ein herrlicher Beweiß, daß neben anderen Anstalten des Gottesdienstes, besonders auch die *Musica* von Gottes Geist durch David mit angeordnet worden«. Heute empfinden viele Menschen, dass Bachs Musik weit über die kirchliche Verkündigung hinaus den Blick in eine höhere Welt öffnet; dies scheint auch dem Komponisten selbst bewusst gewesen zu sein, notierte er doch in seine Bibel: »Bey einer andächtigen *Musique* ist allezeit Gott mit seiner Gnadengegenwart«.[242]

239 Reprint im Auftrag der Arbeitsgemeinschaft für theologische Bachforschung, hrsg. von Thomas Wilhelmi, 1981.
240 Bayerische Staatsbibliothek digital.
241 Friedrich Blume im Artikel Bach, MGG 1, Bd. 1 (1949–1951), Sp. 978–983.
242 Dok III, S. 636 (Nachträge zu Band I); Faksimile-Ausgabe von Howard H. Cox.; Christoph Trautmann, »Calovii Schrifften. 3. Bände« aus Johann Sebastian Bachs Nachlass, Zeitschrift Musik und Kirche 1969, S. 145–160; Geck 2000, S. 718. Eine zweite Bibel trägt Bachs Besitzvermerk, siehe dazu Peter Wollny im Bach-Jahrbuch 2011, S. 35–39.

Gern zitiert wird in diesem Zusammenhang die Definition des Generalbasses, der »eine wohlklingende *Harmonie* gebe zur Ehre Gottes und zulässiger Ergötzung des Gemüths«. Dieser handschriftlich erhaltene »Gründliche Unterricht des General-Basses« ist überliefert im Umfeld der Leipziger Thomas-Schule und basiert zum Teil auf einer älteren Publikation von Friedrich Erhard Niedt.[243] Seit uns Bachs eigene Äußerungen zur Verfügung stehen, mag diese Anknüpfung an Niedt ein wenig zurücktreten.

Bach lebte in einer Zeit, in der die christliche Tradition noch selbstverständlicher Alltag war. Im Titel zur Klavier-Übung III erscheint der Begriff »Katechismus-Gesänge«; manchen orgelspielenden Menschen dürfte nicht mehr klar sein, was damit gemeint ist. In Bachs Jugendzeit war jedem Wochentag ein Katechismus-Lied zugeordnet, das in der Volksschule jeweils vor Beginn des Unterrichts zu singen war, beginnend am Montag mit »Dies sind die heilgen zehn Gebot« bis zu »Jesus Christus, unser Heiland, der von uns den Gotteszorn wandt« am Samstag.[244] Die Lieder basieren auf der lutherischen Sicht des Christentums, die der Reformator selbst im »Großen Katechismus« wie auch im »Kleinen Katechismus« niedergelegt hatte. Für Kantoren und Organisten war die Verknüpfung mit dem Kirchenlied eine ganz direkte Berufserfahrung, die auch die zuhörende Gemeinde mit einbezog. Als Georg Philipp Telemann der Bürgerschaft Hamburgs seine Kantaten zu Gehör brachte, wurde im Textbuch angemerkt, bei welchen Chorälen die Zuhörer *nicht* mitsingen sollten.[245] Lehre, Kirchenlieder und deren Texte, Gesang und Glaube bildeten eine Einheit, die heute kaum mehr vorstellbar ist. Johann Friedrich Rochlitz (1769–1842, Thomaner unter Kantor Johann Friedrich Doles) sagt uns, in Bachs Johannespassion seien »wohlgewählte Verse Allen bekannter Kirchenlieder« eingeflochten, »in welche die Gemeinde einstimmen kann«.[246] Was heute öfter wieder praktiziert wird, scheint Bachs Intention zu entsprechen.

Himmlische Musik

Bachs Kantaten-Texte fußen auf der zeitgenössischen lutherischen Theologie.[247] Doch scheint es mir angezeigt, Bachs Horizont weiter zu fassen. Sollten wir nicht annehmen, dass diesem großen Komponisten weitere, inspirative Quellen zur Verfügung standen? In einer dogmatisch verengten Theologie wird Inspiration – damals wie heute – klein geschrieben.

243 NBA, Supplement (Beiträge zur Generalbass- und Satzlehre, Kontrapunktstudien, Skizzen und Entwürfe), hrsg. von Peter Wollny, Kassel etc. 2011, besonders S. 5 und S. 28f.; Walter Blankenburg, *Johann Sebastian Bach und die Aufklärung*, Bach-Gedenkschrift 1950, wieder abgedruckt in: Wege der Forschung, Band CLXX, Darmstadt 1970, S. 103; Niedt, *Musicalische Handleitung*, Erster Teil, Cap. II.

244 Christoph Trautmann, *Ein Beitrag der Bachforschung zum Lutherjahr: Die ideelle Grundlage von Bachs drittem Teil der Klavierübung*, Zeitschrift Musik und Kirche 1984, S. 127–133.

245 Zu dieser Frage vgl. meinen Aufsatz über die Passaggio-Choräle (Bach-Jahrbuch 2013, besonders S. 228).

246 Allgemeine musikalische Zeitung, Jg. 1831, Nr. 18 (4. Mai). Zudem wird berichtet von einer Zusammenarbeit von Superintendent Salomon Deyling und Johann Sebastian Bach. Mit Dank an Stefan Gehrt, Dresden.

247 Petzoldt, *Bach-Kommentar* (wie Fußnote 221).

Ein Blick in höhere, nicht-materielle Welten ist indes durch inspirierte Texte, durch Offenbarungen, wieder vermehrt im Gespräch. Ausgehend von diesem meist als »geistchristlich« bezeichneten Weltbild scheint die Apokatastasis, ein künftiges universales Heil, in dem »alle Tränen abgewischt« sind, zwar noch ferne, aber nicht unmöglich.[248] Musik kündet davon auf unmittelbare Weise; so jedenfalls empfand es Johann Pachelbel, der im Vorwort zu seinem *Hexachordum Apollinis* (1699) folgende Sätze veröffentlichte:[249]

> Und beglauben ihrer viele, daß sie [die Musik] als ein in dem ewigen Hofe beliebtes Werck von den Engeln, die das τρισάγιον oder Dreymal-Heilig dem Höchsten zu Ehren singen, ihren Ursprung genommen [habe], auch daß die himmlischen Cörper mit ihren wundersamen Bewegungen eine liebliche Harmonie oder Zusammen-Stimmung zu erregen pflegen, dergleichen dann die Welt-Weise Pythagoras und Plato, wie auch Apollonius Thyanäus gehöret zu haben bezeugen. Und hat es das unbetrügliche Ansehen, daß die ewige Himmels-Freud selbst nicht füglicher als durch die Music (welche das Gemüth, das edelste und fast Göttlichste Theil des Menschen meistert und beherrschet) abgebildet werden könne, ja daß sie die rechte Krone und der herrlichste Thron aller andern Künsten seye.

Nochmals: wo sollen wir uns Bachs Position denken? Seine Bewerbung um den Organistenposten an der Hamburger Jacobi-Kirche (1720) zeigt jedenfalls, dass er keine Berührungsängste in Richtung der der Aufklärung nahestehenden Stadt hatte. Andererseits zeigt eine Proportionierung, wie sie etwa für das c-moll-Präludium BWV 546 (→ S. 101f.) und für weitere Leipziger Werke anzunehmen ist, die Verbundenheit mit der quasi-pythagoreischen Bedeutung der Zahl. Bach hat die neueren Tendenzen der Musikentwicklung nicht nur akzeptiert, sondern selber mitgestaltet; dennoch fasste er auf erstaunliche Weise jahrhundertealte Perspektiven zusammen – ein universaler Künstler.
In meiner Sicht macht die *Vielfalt* von Zugängen (Rhetorik, Emblematik, Zahl und anderes) den Reichtum Bachs aus; nur sollte man dabeibleiben, von einem persönlichen Blick auf ein geliebtes Kunstwerk zu sprechen. Vielleicht macht gerade dies ein *ganz großes* Kunstwerk aus: es löst in jedem Betrachter oder Hörer wieder andere, eben persönliche Reaktionen aus. Fraglich wird es allerdings, wenn man unterstellt, Bachs Absicht offengelegt zu haben. Waren ihm selbst alle Facetten seiner Kunst bewusst? Um es mit Thornton Wilder zu sagen:

248 Till A. Mohr, *Kehret zurück, ihr Menschenkinder! Die Grundlegung der christlichen Reinkarnationslehre*, Grafing 2004, besonders S. 559; zum geistchristlichen Weltbild allgemein: Walther Hinz, *Geborgenheit*, Zürich 1971; überarbeitete Fassung unter dem Titel *Woher – Wohin*, Zürich 1980.

249 Faksimile, hrsg. von Rupert Gottfried Frieberger, Edition Helbling, Innsbruck 1994. In der Neuausgabe bei Bärenreiter (BA 2818) fehlt Pachelbels Vorwort. In Nürnberg waren solche Vorstellungen nicht neu, vgl. Hans H. Eggebrecht, *Zwei Nürnberger Orgel-Allegorien des 17. Jahrhunderts*, Zeitschrift Musik und Kirche 1957, S. 170–181.

»We transmit (we hope) fairer things than we can fully grasp« – Wir geben, so hoffen wir, Schöneres weiter, als wir voll erfassen können.[250]

»Wer mit zu viel Leidenschaft nach geheimen Bauhüttengesetzen sucht, bringt sich leicht um Erfahrungen von Glück und Betroffenheit, welche das Werk im Wechsel seiner Teile bereithält«.[251] Leidenschaft, Glück, Betroffenheit beim Bach-Spiel zu erleben – dahin möchte dieses Buch einen Weg weisen.

250 Thornton Wilder, *The eighth Day*, 1967, Taschenbuch-Ausgabe, Avon Books, New York 1976, S. 214; deutsch: *Der achte Schöpfungstag*, S. Fischer, Frankfurt am Main 1968, S. 271.

251 Geck, *Bach*, S. 436.

DANK

Ohne hundertfältige Hilfe von allen Seiten wäre dieses Buch nicht entstanden. Den Impuls verdanke ich der Lektorin Eva-Maria Hodel, die einige Sätze im Kommentar zu meinem Band 8 der neuen Breitkopf-Ausgabe gestrichen hat und nebenbei bemerkte: vielleicht später in einem Buch? Ihre Erfahrung im Umgang mit Texten, ihre freundschaftliche Begleitung waren unschätzbar.

Die Community der Spielerinnen und Spieler, der Forscherinnen und Forscher ist gleichsam in einem beständigen Dialog. An vielen Orten durfte ich an diesem Dialog teilnehmen, in erster Linie an der Schola Cantorum Basiliensis, wo Lernende und Dozierende in vorbildlicher Weise diesen Austausch pflegen: Wulf Arlt, Peter Reidemeister, Thomas Drescher, Markus Jans, Jörg-Andreas Bötticher, Andrea Marcon, Richard Erig, Rudolf Lutz und viele andere. Während meiner langen Unterrichtstätigkeit wurde vieles formuliert, wieder verändert oder kam von jüngeren Musikern in jüngerer Form zurück. In ähnlicher Weise durfte ich Offenheit und Gesprächsbereitschaft am Bach-Archiv Leipzig erleben. Die Leidenschaft, Bach näherzukommen, prägt dieses Zentrum: Hans-Joachim Schulze, Christoph Wolff, Peter Wollny, Christine Blanken, Andreas Glöckner, Markus Zepf. Rund um wichtige Orgeln versammeln sich oft neue Ideen; Klänge bringen die Gedanken in Bewegung, singend, spielend, hörend die Dimension BACH zu erschließen: in Haarlem mit Anton Heiller, Marie-Claire Alain, Luigi Ferdinando Tagliavini, Gustav Leonhardt, Jacques van Oortmerssen; in Ostfriesland mit Harald Vogel; in Muri und Arlesheim mit Egon Schwarb, Oskar Birchmeier, Bernhardt Edskes, Peter Koller, Willem Retze Talsma; in Innsbruck mit Reinhard Jaud, Michael Radulescu, den Teilnehmern des Paul-Hofhaimer-Wettbewerbs. Beim Schreiben ergeben sich Fragen, für die bei Freunden, bei Spezialisten Auskunft eingeholt werden kann: Dank geht an Ingo Bredenbach, Jean-Jacques Dünki, Claire Genewein, Almut Hailperin, Michael Gerhard Kaufmann, Bernhard Klapprott, Jon Laukvik, Till Mohr, Christian Rieger, Jacques Schiltknecht, Markus Schwenkreis.

Mein Lebensweg war begleitet von Lehrerinnen und Lehrern, deren Impulse nachwirken: Helene Zimmermann-Gassmann, Peter Speiser, Alfred Pfister, Willi Gohl, Kurt von Fischer, Anton Heiller, Gustav Leonhardt. Das gemeinsame Musizieren verbindet mich seit Wiener Studienjahren mit meiner Frau Annemarie.

Der größte Dank – last but not least – gebührt Johann Sebastian Bach. Seine Musik ist Lebenselixier, Glaubenselixier, unverzichtbar. Sein oft gesetztes Sigel «Soli Deo Gloria» stellt die Musik in einen kosmischen Raum.

LITERATUR

Das Literatur-Verzeichnis umfasst wichtige Basis-Werke sowie neuere Literatur, die leicht zu konsultieren ist. Speziellere Studien, die nur einmal erwähnt sind, werden vollständig in den Fußnoten nachgewiesen.

Adlung, Jacob, *Musica mechanica organoedi. Das ist: Gründlicher Unterricht von der Struktur, Gebrauch und Erhaltung der Orgeln [...], in so fern einem Organisten von solchen Sachen etwas zu wissen nöthig ist*, Berlin 1768, Reprint Bärenreiter, Kassel etc. 1961.

Agricola/Tosi, *Anleitung zur Singkunst*. Johann Friedrich Agricola, *Anleitung zur Singkunst* (1757) zusammen mit dem italienischen Original von Pier Francesco Tosi (1723), hrsg. von Erwin R. Jacobi, Hermann Moeck Verlag, Celle 1966.

Ahlgrimm, Isolde, *Ornamentik der Musik für Tasteninstrumente – Ein Kompendium*, Bd. 1, Deutschsprachige Quellen, Akademische Druck- und Verlagsanstalt, Graz 2005.

CPEBach, *Versuch*. Carl Philipp Emanuel Bach, *Versuch über die wahre Art das Clavier zu spielen* [...], Berlin 1753 und 1762, Faksimile-Nachdruck, hrsg. von Lothar Hoffmann-Erbrecht, Breitkopf & Härtel, Leipzig 1957. Weitere Ausgaben als Faksimile und im Neusatz, auch online.

Carl Philipp Emanuel Bach, 18 Probestücke in Sechs Sonaten [...] zum Versuch über die wahre Art [...], hrsg. von Lothar Hoffmann-Erbrecht, Breitkopf & Härtel, Leipzig 1957.

Carl Philipp Emanuel Bach, The Complete Works, vol. I/3: »Probestücke«, »Leichte« and »Damen« Sonatas, ed. by David Schulenberg, The Packard Humanities Institute, Los Altos, California 2005.

Dok I. Bach-Dokumente, Bd. I. *Schriftstücke von der Hand Johann Sebastian Bachs*, vorgelegt und erläutert von Werner Neumann und Hans-Joachim Schulze, Bärenreiter, Kassel etc.1963.

Dok II. Bach-Dokumente, Bd. II. *Fremdschriftliche und gedruckte Dokumente zur Lebensgeschichte Johann Sebastian Bachs 1685–1750*, vorgelegt und erläutert von Werner Neumann und Hans-Joachim Schulze, Bärenreiter, Kassel etc. 1969.

Dok III. Bach-Dokumente, Bd. III. *Dokumente zum Nachwirken Johann Sebastian Bachs 1750–1800*, vorgelegt und erläutert von Hans-Joachim Schulze, Bärenreiter, Kassel etc. 1972.

Dok VII: Bach-Dokumente, Bd. VII. *Johann Nikolaus Forkel, Ueber Johann Sebastian Bachs Leben, Kunst und Kunstwerke – Edition, Quellen, Materialien*, vorgelegt und erläutert von Christoph Wolff unter Mitarbeit von Michael Maul, Bärenreiter, Kassel etc. 2008.

Beckmann, Klaus, *Die norddeutsche Schule, Orgelmusik im protestantischen Norddeutschland zwischen 1517 und 1755*, Teil I, Schott, Mainz 2005.

Ludwig van Beethoven, Klaviersonate op. 106 – Große Sonate für das Hammerklavier, nach den Quellen hrsg. von Peter Hauschild, revidiert von Jochen Reutter, Hinweise zu Beethovens Tempi und Metronomzahlen von Johann Sonnleitner, Wiener Urtext (Schott und UE), Mainz und Wien 2018.

Billeter, Bernhard, *Bachs Klavier- und Orgelmusik*, Amadeus, Winterthur 2010.

Blanken, *Sammlung Scholz*. Christine Blanken, *Orgelwerke der »Sammlung Scholz« in ihrer Beziehung zu Nürnberger Instrumenten*, in: Vom Klang der Zeit – Besetzung, Bearbeitung und Aufführungspraxis bei Johann Sebastian Bach, Klaus Hofmann zum 65. Geburtstag, hrsg. von Ulrich Bartels und Uwe Wolf, Breitkopf & Härtel, Wiesbaden 2004, S. 44–68.

Blanken, *Bach-Jahrbuch 2013*. Christine Blanken, *Ein wieder zugänglich gemachter Bestand alter Musikalien der Bach-Familie im Verlagsarchiv Breitkopf & Härtel*, Bach-Jahrbuch 2013, S. 79–128.

Clement, *Clavier-Übung III*. Albert Clement, *Der dritte Teil der Clavierübung von Johann Sebastian Bach – Musik, Text, Theologie*, Edita AlmaRes, Middelburg/NL 1999.

Compendium Improvisation, siehe Schwenkreis.

Cox, Howard H. (Hg.), *The Calov Bible of J. S. Bach*, Studies in Musicology No. 92, UMI Research Press, Ann Arbor 1985.

Czerny, Carl, *Von dem Vortrage* (1839) – Dritter Teil aus Vollständige theoretisch-practische Pianoforte-Schule op. 500, Faksimile-Ausgabe, hrsg. von Ulrich Mahlert, Breitkopf & Härtel, Wiesbaden 1991.

Dadelsen, Georg von, *Beiträge zur Chronologie der Werke Johann Sebastian Bachs*, Tübinger Bach-Studien, Heft 4/5, Trossingen 1958.

Dahlhaus, Carl, *Musikästhetik*, Musik-Taschen-Bücher, Theoretica Bd. 8, Musikverlag Hans Gerig, Köln 1967.

Dammann, *Musikbegriff*. Rolf Dammann, *Der Musikbegriff im deutschen Barock*, Arno Volk Verlag, Köln 1967.

Danuser, *Interpretation*. Hermann Danuser (Hg.), *Musikalische Interpretation*, Neues Handbuch der Musikwissenschaft, Bd. 11, Laaber 1992.

Dirksen, Pieter, *Studien zur Kunst der Fuge von Joh. Seb. Bach – Untersuchungen zur Entstehungsgeschichte, Struktur und Aufführungspraxis*, Florian Noetzel, Heinrichshofen-Bücher, Wilhelmshaven 1994.

Erig, Richard, *Zur Beschleunigung des Tempos nach Beethoven*, Musica, 47. Jg. (1993), S. 135–142.

Faulkner, Quentin, *J. S. Bachs Keyboard Technique: A Historical Introduction*, Concordia Publishing House, St. Louis 1984.

Faulkner, *Registrierung*. Quentin Faulkner, *Die Registrierung der Orgelwerke J. S. Bachs*, Bach-Jahrbuch 1995, S. 7–30.

Forchert, *Bach*. Arno Forchert, *Johann Sebastian Bach und seine Zeit*, Laaber 2000.

Faksimile Forkel. Johann Nikolaus Forkel, *Ueber Johann Sebastian Bachs Leben, Kunst und Kunstwerke*, Leipzig 1802, Reprint der Erstausgabe Leipzig 1802, hrsg. von Axel Fischer, Bärenreiter, Kassel etc. 1999, siehe auch Dok VII.

Johann Jacob Froberger, *Toccaten, Suiten, Lamenti – Die Handschrift SA 4450 der Sing-Akademie zu Berlin*, Faksimile und Übertragung, hrsg. von Peter Wollny und der Sing-Akademie zu Berlin, Bärenreiter, Kassel etc. 2004, [2]2006.

Geck, *Bach*. Martin Geck, *Bach – Leben und Werk*, Rowohlt, Reinbek bei Hamburg 2000.

Genewein, Claire, *Vokales Instrumentalspiel in der zweiten Hälfte des 18. Jahrhunderts – Die Aufführungspraxis italienischer Instrumentalmusik in der Auseinandersetzung mit Vokalmusik und Text: Quellen und moderne Umsetzung*, Diss. Universität Leiden/NL 2014, http://hdl.handle.net/1887/26920.

Greß, *Klanggestalt*. Frank-Harald Greß, *Die Klanggestalt der Orgeln Gottfried Silbermanns*, Breitkopf & Härtel, Leipzig 1989.

Griepenkerl, Friedrich Konrad, *Ueber den Vortrag der Polonoisen von Wilhelm Friedemann Bach*, Einlageblatt zur Interpretations-Ausgabe der 12 Polonaisen, Leipzig 1819, in: Ulrich Leisinger, Peter Wollny, *Die Bach-Quellen der Bibliotheken in Brüssel, Katalog*, Leipziger Beiträge zur Bach-Forschung 2, Olms, Hildesheim 1997, S. 147 und 441. In vielen Exemplaren der Griepenkerl-Ausgabe fehlt das Einlageblatt.

Griepenkerl, Friedrich Konrad, *Chromatische Fantasie für das Pianoforte von Johann Sebastian Bach. – Neue Ausgabe mit einer Bezeichnung ihres wahren Vortrags, wie derselbe von J. S. BACH auf W. FRIEDEMANN BACH, von diesem auf FORKEL und von FORKEL auf seine Schüler gekommen*, Leipzig, C. F. Peters, Vorwort datiert 1819.

Hiemke, *Orgelbüchlein*. Sven Hiemke, *Johann Sebastian Bach – Orgelbüchlein*, Bärenreiter Werkeinführungen, Kassel etc. 2007.

Hill, Robert, *»Overcoming romanticism«: on the modernization of twentieth-century performance practice*, in: Music and performance during the Weimar Republic, ed. by Bryan Gillam, Cambridge studies in performance practice, 3, Cambridge University Press 1994.

Keller, Hermann, *Die Orgelwerke Bachs – Ein Beitrag zu ihrer Geschichte, Form, Deutung und Wiedergabe*, C. F. Peters, Leipzig 1948.

Kirnberger, Johann Philipp, *Die Kunst des reinen Satzes in der Musik*, Zwei Teile, 2. Teil gegliedert in zwei Abteilungen, Berlin und Königsberg 1776–1779, Reprint Olms, Hildesheim 1968.

Klapprott, Bernhard, *»sangbar und zusammenhängend spielen« – Aspekte der Kantabilität im Spiel des Clavichords, dargestellt anhand von Quellen der Zeit Carl Philipp Emanuel Bachs*, in: Zur Entwicklung des Klavierspiels von Carl Philipp Emanuel Bach bis Clara Schumann, Michaelsteiner Konferenzberichte, Bd. 82, Augsburg 2017, S. 21–86.

Klotz, Hans, *Die Ornamentik der Klavier- und Orgelwerke von Johann Sebastian Bach – Bedeutung der Zeichen, Möglichkeiten der Ausführung*, Bärenreiter, Kassel etc. 1984.

Koch, Heinrich Christoph, *Versuch einer Anleitung zur Composition*, Bd. 1 Rudolstadt 1782, Bd. 2 Leipzig 1787, Bd. 3 Leipzig 1793. Studienausgabe, hrsg. von Jo Wilhelm Siebert, Siebert Verlag, Hannover 2007.

Koch, *Lexikon*. Heinrich Christoph Koch, *Musikalisches Lexikon*, Frankfurt a. M. 1802, Reprint Bärenreiter, Kassel etc. 2001.

Kooiman/Weinberger/Busch. Ewald Kooiman, Gerhard Weinberger, Hermann J. Busch, *Zur Interpretation der Orgelmusik Joh. Seb. Bachs*, Merseburger, Kassel 1995.

Leisinger/Wollny, *Katalog Brüssel*. Ulrich Leisinger, Peter Wollny, *Die Bach-Quellen der Bibliotheken in Brüssel – Katalog; mit einer Darstellung von Überlieferungsgeschichte und Bedeutung der Sammlungen Westphal, Fétis und Wagener*; Leipziger Beiträge zur Bach-Forschung 2, Olms, Hildesheim 1997.

Lohmann, *Artikulation*. Ludger Lohmann, *Die Artikulation auf den Tasteninstrumenten des 16.–18. Jahrhunderts*, Gustav Bosse Verlag, Regensburg 1990 (erste Auflage 1982).

Marpurg, Friedrich Wilhelm, *Anleitung zum Clavierspielen*, Zweite verbesserte Auflage, Berlin 1765, Reprint Olms, Hildesheim 1970.

Marpurg, *Critischer Musicus an der Spree*. Friedrich Wilhelm Marpurg, *Des critischen Musicus an der Spree erster Band*, Berlin 1750, Reprint Olms, Hildesheim 1970.

Marpurg, *Historisch-Kritische Beyträge*. Friedrich Wilhelm Marpurg, *Historisch-Kritische Beyträge zur Aufnahme der Musik*, fünf Bände, Berlin 1754–60, Reprint Olms, Hildesheim 1970.

Mattheson, *Orchestre*. Johann Mattheson, *Das Neu-Eröffnete Orchestre*, Hamburg 1713, Reprint Olms, Hildesheim 1993.

Mattheson, *Capellmeister*. Johann Mattheson, *Der vollkommene Capellmeister*, Hamburg 1739, Reprint Bärenreiter, Kassel etc. 1954 (auch Studienausgabe im Neusatz, Kassel 1999).

Maul/Wollny, *Weimarer Orgeltabulatur*. Michael Maul, Peter Wollny; Vorwort zu: *Weimarer Orgeltabulatur. Die frühesten Notenhandschriften Johann Sebastian Bachs sowie Abschriften seines Schülers Johann Martin Schubart – mit Werken von Dietrich Buxtehude, Johann Adam Reinken und Johann Pachelbel*, hrsg. von Michael Maul und Peter Wollny, Faksimile-Reihe Bachscher Werke und Schriftstücke, Neue Folge, Bd. 3, Bärenreiter, Kassel etc. 2007.

Miehling, Klaus, *Das Tempo in der Musik von Barock und Vorklassik*, Florian Noetzel Verlag, Heinrichshofen-Bücher, Wilhelmshaven 1993.

Neumann, Frederick, *Ornamentation in Baroque and Post-Baroque Music – With Special Emphasis on J. S. Bach*, Princeton University Press 1978.

Niedt, Friedrich Erhard, *Musicalische Handleitung*. Drei Teile, Hamburg 1700, 1717 und 1721, Reprint der 2. Auflage, Frits Knuf, Buren/NL 1976.

Nietzsche, Friedrich, *Menschliches, Allzumenschliches – Ein Buch für freie Geister*, Chemnitz 1878f., Kröners Taschenausgabe, Bd. 72, Stuttgart 1972.

Paraschivescu, Nicoleta, *Die Partimenti Giovanni Paisiellos – Wege zu einem praxisbezogenen Verständnis*, Schola Cantorum Basiliensis, Scripta 6, Schwabe Verlag, Basel 2019.

Paulsmeier, Karin, *Notationskunde – 17. und 18. Jahrhundert*, Schola Cantorum Basiliensis, Scripta 2 (zwei Bände), Schwabe Verlag, Basel 2012.

Petri, *Anleitung*. Johann Samuel Petri, *Anleitung zur praktischen Musik*, Leipzig 1782 (erste Auflage 1767), Reprint Verlag Katzbichler, Giebing 1969.

Pochat, Götz, *Geschichte der Ästhetik und Kunsttheorie – Von der Antike bis zum 19. Jahrhundert*, Dumont, Köln 1986.

Quantz, *Flötenschule*. Johann Joachim Quantz, *Versuch einer Anweisung, die Flöte traversiere zu spielen*, Berlin 1752, Reprint Breitkopf & Härtel, Wiesbaden 1988.

Santa María, *Arte de tañer Fantasia*. Tomás de Santa María, *Libro llamado Arte de tañer Fantasia*, Valladolid 1565, Reprint Minkoff, Genf 1973.

Samuel Scheidt, Tabulatura nova, Hamburg1624, drei Bände, hrsg. von Harald Vogel, Breitkopf & Härtel, Wiesbaden 2002.

Schmitz, Arnold, *Die Bildlichkeit der wortgebundenen Musik Johann Sebastian Bachs,* Neue Studien zur Musikwissenschaft, Bd. 1, Schott, London und Mainz 1950.

Schulze, Hans-Joachim, *Studien zur Bach-Überlieferung im 18. Jahrhundert*, C. F. Peters, Leipzig/Dresden 1984.

Schweitzer, *Bach*. Albert Schweitzer, *J. S. Bach*, Breitkopf & Härtel, Wiesbaden 1957 (Erstausgabe 1908).

Schwenkreis, Markus (Hg.), *Compendium Improvisation – Fantasieren nach historischen Quellen des 17. und 18. Jahrhunderts,* Schola Cantorum Basiliensis, Scripta 5, Schwabe Verlag, Basel 2018.

Seidel, Wilhelm, *Über Rhythmustheorien der Neuzeit*, Neue Heidelberger Studien zur Musikwissenschaft, Bd. 7, Francke Verlag, Bern und München 1975.

Speerstra, Joel, *Bach and the Pedal Clavichord – An Organist's Guide*, University of Rochester Press 2004.

Spitta, *Bach*. Philipp Spitta, *Johann Sebastian Bach.* Zwei Bände, Leipzig 1873, 1880, Breitkopf & Härtel, Neudruck Wiesbaden 1964 (und öfter).

Sulzer, Johann Georg, *Allgemeine Theorie der schönen Künste*, Leipzig 1778–79, Reprint Olms, Hildesheim 1967.

Talsma, Willem Retze, *Wiedergeburt der Klassiker*, Band 1, *Anleitung zur Entmechanisierung der Musik*, Wort und Welt Verlag, Innsbruck 1980.

Walther, *Praecepta*. Johann Gottfried Walther, *Praecepta der Musicalischen Composition*, hrsg. von Peter Benary, Jenaer Beiträge zur Musikforschung, Bd. 2, Breitkopf & Härtel, Leipzig 1955.

Werckmeister *Orgelprobe / Cibrum Musicum / Musicalische Paradoxal-Discourse*. Andreas Werckmeister, *Hypomnemata Musica zusammen mit weiteren Schriften*, Reprint Olms, Hildesheim 1970. Aus diesem Reprint-Band werden zitiert: *Erweiterte und verbesserte Orgelprobe* (1698), *Cribrum Musicum oder Musicalisches Sieb* (1700), *Musicalische Paradoxal-Discourse* (1707).

Williams, Peter, *Johann Sebastian Bachs Orgelwerke*, Bd. 1 Präludien, Toccaten etc.; Bd. 2 Choralbearbeitungen; deutsche Fassung Schott, Mainz 1996; englische Originalausgabe Cambridge University Press 1980 (und öfter).

Wolff, Christoph, *Johann Sebastian Bach*, S. Fischer Verlag, Frankfurt a. M. 2000.

Wolff/Zepf, *Bachs Orgeln*. Christoph Wolff, Markus Zepf, *Die Orgeln J. S. Bachs – Ein Handbuch*, Carus-Verlag Stuttgart und Evangelische Verlagsanstalt Leipzig 2006; weitere Auflagen, auch englisch.

Zehnder, Jean-Claude, *Die frühen Werke Johann Sebastian Bachs – Stil, Chronologie, Satztechnik*, Schola Cantorum Basiliensis, Scripta 1 (zwei Bände), Schwabe Verlag, Basel 2009.

Faksimile-Ausgaben

Johann Sebastian Bach, Orgelbüchlein, BWV 599–644. Faksimile nach dem Autograph in der Staatsbibliothek Preußischer Kulturbesitz, mit einer Einführung von Sven Hiemke, Meisterwerke der Musik im Faksimile, Bd. 6, Laaber 2004.

Johann Sebastian Bach, Orgelbüchlein – BWV 599–644. Faksimile der autographen Partitur, hrsg. von Heinz-Harald Löhlein, Bärenreiter, Kassel etc. 1981.

Johann Sebastian Bach, Sechs Sonaten für Orgel (BWV 525–530). Faksimile des Autographs mit einem Vorwort, hrsg. von Wolfgang Goldhan, Bärenreiter, Kassel etc. 1987.

Johann Sebastian Bach, Die Achtzehn großen Orgelchoräle BWV 651–668 und Canonische Veränderungen über »Vom Himmel hoch« BWV 769. Faksimile der Originalhandschrift, mit einem Vorwort, hrsg. von Peter Wollny, Meisterwerke der Musik im Faksimile, Bd. 5, Laaber 1999.

Johann Sebastian Bach, Clavier Übung, Teil I–IV. Faksimile mit Kommentar, hrsg. von Christoph Wolff, Peters Reprints, Leipzig/Dresden 1984.

Weimarer Orgeltabulatur. Die frühesten Notenhandschriften Johann Sebastian Bachs sowie Abschriften seines Schülers Johann Martin Schubart – mit Werken von Dietrich Buxtehude, Johann Adam Reinken und Johann Pachelbel, hrsg. von Michael Maul und Peter Wollny, Faksimile-Reihe Bachscher Werke und Schriftstücke, Neue Folge, Bd. 3, Bärenreiter, Kassel etc. 2007.

REGISTER

Werke Johann Sebastian Bachs

Personen

J. S. BACH • SÄMTLICHE ORGELWERKE IN 10 BÄNDEN

Band 1 Präludien und Fugen I (David Schulenberg)
Edition Breitkopf 8801

Band 2 Präludien und Fugen II (David Schulenberg)
Edition Breitkopf 8802

Band 3 Fantasien und Fugen, einzelne Fugen (Pieter Dirksen)
Edition Breitkopf 8803

Band 4 Toccaten und Fugen, Einzelwerke (Jean-Claude Zehnder)
Edition Breitkopf 8804

Band 5 Sonaten, Trios, Konzerte (Pieter Dirksen)
Edition Breitkopf 8805

Band 6 Clavierübung III, Schübler-Choräle, Canonische Veränderungen über »Vom Himmel hoch« (Werner Breig)
Edition Breitkopf 8806

Band 7 Orgelbüchlein (Sven Hiemke)
Edition Breitkopf 8807

Band 8 Orgelchoräle der Leipziger Handschrift (»18 Choräle«) (Jean-Claude Zehnder)
Edition Breitkopf 8808

Band 9 Choralpartiten, einzeln überlieferte Choralbearbeitungen I (Matthias Schneider, Reinmar Emans)
Edition Breitkopf 8809

Band 10 Einzeln überlieferte Choralbearbeitungen II (Reinmar Emans, Matthias Schneider)
Edition Breitkopf 8810

Bände 1–10 im Schuber
Edition Breitkopf EB 9035

Detaillierte Inhaltsangaben zu den einzelnen Bände finden sich auf www.breitkopf.com. Ergänzendes Material (Fassungen, Varianten, zweifelhafte Werke u. a.) teils in synoptischen Ansichten online auf www.breitkopf.com/bach-edirom.